Impressum

Eine Publikation der

AGENTUR PJI
Unternehmens-Gesellschaft (haftungsbeschränkt)

Grabenweg 20, D-73099 Adelberg
0049-7166-91930 • info@agentur-pji.com
shop.agentur-pji.com

Fotos: PJI-Archiv, Pixelio: Sammy, Carlo-Schrodt,
Georg-Brand, Helga-Ewert

1. Beta-Auflage, Januar 2010
Printed in Germany

ISBN: 978-3-937103-73-0

Gewidmet allen Sportsfreunden

... denen mit mir klar ist, dass wir bei weitem noch nicht am Ziel sind. Doch wir setzen alles daran, das Ziel zu erreichen, damit der Siegespreis demnächst uns gehört, wie wir jetzt schon zu Jesus Christus gehören. Wie gesagt, ich weiß genau: Noch habe ich den Preis nicht in der Hand. Aber eins steht fest: Ich will alles vergessen, was hinter mir liegt und schaue nur noch auf das Ziel vor mir. Mit aller Kraft laufe ich darauf zu, um den Siegespreis zu gewinnen, das Leben in Gottes Herrlichkeit. Denn dazu hat uns Gott durch Jesus Christus berufen. Wir alle, die wir auf dem Weg zum Ziel sind, wollen uns so verhalten. Wenn ihr in dem einen oder anderen Punkt nicht meiner Meinung seid, wird Gott euch auf dem Weg noch Klarheit und Einsicht schenken – (das darf aber kein Grund für Entzweiung sein). Doch an dem, was wir schon erreicht haben, müsst wir auf jeden Fall festhalten. Bleibt auf keinen Fall auf halbem Wege stehen!

Nach Philpper 3,14-16

Beta-Version

Dieses Buch versteht sich als Prozess-Buch. Daher bist du eingeladen, an dem Prozess mitzuwirken. Korrektur, Ergänzungen und konstruktive Kritik ist willkommen. Nur wenn wir alle unsere Ressourcen zusammenfügen, wird etwas für Gottes Maßstäbe Relevantes dabei herauskommen.
Hat dich dieses Buch gesegnet, lass es mich auch wissen!
Konntest du etwas von dem Inhalt praktisch umsetzten, dann freue ich mich, wenn du mir von deinen Erfahrungen berichtest.

info@mission.is.possible.de

Inhalt:

Vorwort 7
Einleitung 9
Wo ich herkomme 13
Ein ehrliches Eingeständnis 33
Mängelliste 35
Back to the roots 42
Es geht nicht ohne Sp(i)rit im Tank 48
Wie ist Mission heute möglich? 54
Auf dein Wort 58
Der Umkehr-Effekt 63

Tipps zur Kursskorrektur

- Unglauben 70
- Schuldgefühle 73
- Minderwertigkeitskomplex 76
- Unvergebenheit 79
- Pharisäerhafte Positionen 82
- Den Heiligen Geist betrüben 87
- Uneinheit 94
- Fruchtlosigkeit 100

Was muss geschehen, damit überdurchschnittliches Wachstum möglich wird?

- Als erstes stellt sich die Status-Quo-Frage 108
- Du wirst zum Fürbitter 109
- Buße für die Probleme in deiner Stadt 110

Nur voll des Heiligen Geistes kannst
du etwas bewegen 115
Einheit, wie du sie bisher noch nicht
gekannt hast 119
Das löst Anbetung aus 121

Wie kann Mission praktisch funktionieren?
Bleibe locker und werde übernatürlich 124
Bete konkret für einige Menschen 127
Die Kraft von Zweien oder Dreien 131
Wenn das unvorstellbar geschieht
ganze Kirchen werden erfasst 134
Zusammenfassung für den praktischen Teil 140

Wie kann eine Großveranstaltung fruchtbarer werden? 142

Epilog 145

Eine kleine Werkzeugkiste
Eine gute Kostprobe vom Evangelium
„Test it!“ 148
Jeder soll wissen, was Ostern bedeutet 149
Das City-NT für deine Stadt 150
Liebe deinen nächsten Türken
wie dich selbst 152
Halloween, der Renner 154
Alle Jahre wieder -
Weihnachts-Evangelisation 156
Was tun, mit den vielen Kranken? 158

Über den Autor 159
Der „Mission is possible e.V. 160

Vorwort

Wir leben in einer der unerreichtesten Regionen der Welt: im deutschsprachigen Europa. Wir können beten, dass Missionare aus Afrika, Asien oder Südamerika zu uns kommen, um hier den Dienst zu tun, den wir vernachlässigt haben. Wir können auch beten, dass wir zurückkehren zu den Wurzeln unseres Glaubens, der Europa einst geprägt hat. Es ist inzwischen finster geworden im Abendland.

Da dürfen wir uns nichts vormachen, auch wenn hinter unseren Kirchenmauern einiges Erfreuliche geschehen mag.

Und trotzdem – Mission ist möglich – auch bei uns, und das in biblischer Größenordnung.

Dieses Buch führt zurück zum Ursprung der Mission. Es bringt absolut nichts Neues – es erinnert vielmehr an einfache biblische Zusammenhänge, die offensichtlich etwas in Vergessenheit geraten sind.

Dieses Buch ist allerdings kein nettes Buch, weil es Missstände beim Namen nennt und nichts schön redet, was einfach nicht schön ist. Es ist absolut nichts Schönes, dass sich christliche Kirchen eher entleeren und eine stark wachsende Anzahl an Moscheen voll sind. Die Zahl der Menschen, die eine persönliche Entscheidung für Jesus getroffen haben, geht von Jahr zu Jahr zurück. Das ist Negativwachstum – ein interessantes Wort, aber es signalisiert nicht Fruchtbarkeit. Dazu aber hat uns unser Herr Jesus Christus bestimmt, sogar, dass wir viel Frucht bringen und das nach seinen Maßvorstellungen. Wenn wir keine Frucht bringen, dann entehren wir damit unseren Gott, wir machen ihn lächerlich. Wenn man dieses schwache Christentum sieht, können Kritiker mit Recht vermuten, der Gott der Christen sei nur eine Einbildung. Diesen Zustand müssen wir umgehend ändern.

Dies ist leicht möglich, wenn wir das tun, was er uns sagt. Ich hoffe, du bist dabei!

Peter J. Ischka

Einleitung

Im November 2009 habe ich in Zusammenarbeit mit fünf Kirchen eine Evangelisation in Göppingen veranstaltet, in deren Umfeld einige Punkte, die Inhalt dieses Buches sind, angewandt wurden.

Dieses Buch will nicht eine weitere ermüdende Abhandlung zu einem Thema sein, das bereits viel Frustration hinterlassen hat. Dieses Buch will dich ermutigen, einfach nur das zu erwarten, was uns in dem mit Jesu Blut geschriebenen Vertrag, dem Neuen Testament, zugesagt ist. Es ist jedenfalls viel mehr als wir zurzeit verstehen und weit weit mehr als wir nur ansatzweise umgesetzt haben.

Im November 2009 kamen etwa 1.700 Menschen in die Stadthalle Göppingen, um das eindrucksvolle Zeugnis von Ian McCormack zu hören. Zwei Drittel der Zuhörer waren keine „Church-People“. Es waren Suchende, die eine Antwort auf Lebensfragen erwartet haben. Über dreihundert von ihnen haben zum Ausdruck gebracht, dass sie ein Leben mit Jesus führen möchten. Das war nicht schlecht. Denn üblicherweise kommen zu Evangelisationsveranstaltungen 90% Insider, die hoffen, auf diese Weise mal etwas mehr zu erleben als sie es bei den üblichen Sonntagsgottesdiensten gewohnt sind. Das ist aber nicht Sinn einer Evangelisation. – Das wissen wir ja.

Der Grund dieses Erfolges lag in einem Team von circa zwanzig Mitstreitern aus den fünf Gemeinden. Mit dieser Mannschaft konnten wir im Vorfeld einiges umsetzen, was du in diesem Buch lesen wirst. Wir hatten nur zehn Wochen Zeit, diese Veranstaltung vorzubereiten. Aber du siehst, was selbst in solch kurzem Zeitrahmen möglich wird.

Im Vorfeld hatten wir auf einer Esoterik-Messe einen Ausstellungsstand, auf dem wir Heilung angeboten haben und auf die Veranstaltung aufmerksam machten. Für die Bedienung des Standes benötigte ich vier mal vier Mitarbeiter, die in der Lage waren, Kranke im Namen Jesus zu heilen. Schnell hatten sich diese gefunden.

Am Stand war der Andrang zeitweise so groß, dass sich für das Heilungsgebet eine Schlange bildete. Jeder Mitarbeiter war überaus begeistert, solche ungebremste Offenheit vorzufinden. Einige wurden sofort geheilt und Einzelne nahmen bereits dort Jesus als ihren Erretter an. Auch die Aussteller der umliegenden Stände kamen und wollten Gebet. Sie attestierten den Mitarbeitern eine gute „geistliche Ausstrahlung" und fühlten sich an unserem Ausstellungsstand sichtlich wohl.

Das Zeugnis der Mitarbeiter machte auch anderen in den Gemeinden Mut, aktiv an der Vorbereitung der Evangelisation mitzuwirken. Man merkte einfach, wie die Mitarbeiter selbst gesegnet waren nach diesem erfrischenden Einsatz auf der Esoterikmesse.

Die eigentliche Vorbereitung lag vor allem in den wöchentlichen Gebetstreffen. Hörendes Gebet war angesagt, um genauer herauszufinden, was unser Herr für diese Veranstaltung vorbereitet hat. So konnten Hindernisse erkannt und durch das Gebet aus dem Weg geräumt werden. Die Qualität des Teams war beeindruckend. Es war nicht notwendig, lange Erklärungen abzugeben. Alle waren gut vorbereitet und hatten bereits Eindrücke, die die Richtung der einzelnen Gebetsversammlungen bestätigten. Ein Teil der Mitarbeiter hatte sich gerade erst zu diesem Anlass kennengelernt, betete aber zusammen wie ein seit langer Zeit eingeschworenes Team. Diese Gebetsarbeit war einfach herrlich!

Natürlich war es auch wichtig, die Werbung professionell auf die Zielgruppe auszurichten. Jedes fromme Gepräge sollte vermieden werden, um Schubladendenken zu verhindern. Alles, was mit Kirche zu tun hat, genießt leider nicht den besten Ruf in unserer Gesellschaft.

Aber das sind Kleinigkeiten am Rande. Die wirklich wichtigen Ursachen für eine erfolgreiche Mission liegen ganz woanders. Genau darüber soll es in diesem Buch gehen. Was wir in der schwäbischen Kreisstadt Göppingen erleben durften, war beeindruckend. Offensichtlich befanden wir uns auch in einem von Gott vorbereiteten Zeitfenster. Es zeigt sich immer wieder, dass bereits über Jahre geistlich in einen Ort investiert wurde. Saat wurde vielfältig gesät. Oft sind es auch historische Glaubens-Ereignisse, die sich noch heute segnend auf eine Region auswirken.

So ein Buch schreiben zu können, ist natürlich nicht das Ergebnis einer gerade eben gelungenen Aktion. Was ich zusammenzustellen versuche, ist das Resultat aus über dreißig Jahren Glaubenserfahrung und besteht aus vielen Puzzleteilen, die über diese Zeit hinweg bis heute zu einem immer vollständigerem Bild zusammengefügt werden konnten. Wie in der Widmung geschrieben, ist mir völlig klar, dass ich bei weitem nicht am Ziel bin. Ich bin davon auch überzeugt, dass es gar nicht beabsichtigt ist, dass einer allein ans Ziel kommt. Dieser Wettkampf ist der einzige, bei dem es viele Gewinner geben soll. So viele wie möglich sollen den Siegespreis erhalten. Es ist wie bei einem ostfriesischen Reisebus: Alle können in der ersten Reihe sitzen. (Nichts gegen die Ostfriesen...)

Ich hoffe, das Buch regt dich an (und nicht auf), auch so ein Gewinner werden zu wollen. Zusammen mit vielen dieser Wettkämpfer werden wir uns gegenseitig dienen, von Verheißungen nicht nur zu träumen, sondern sie auch tagtäglich zu leben.

Diese Erfahrungen bei der Veranstaltung in Göppingen waren nur ein kleiner Vorgeschmack von dem, was unser Herr auch an vielen anderen Orten in Deutschland tun möchte, wenn sich nur einige von seinem „Bodenpersonal" in Übereinstimmung mit seinem Willen bringen lassen. Und das gilt auch für deine Stadt.

Also: Auf die Plätze, fertig, los!
Der Wettkampf kann beginnen!

Wo ich herkomme

Ich wurde zum Maschinenbau-Ingenieur ausgebildet. Ich hatte gelernt, Kräne zu berechnen, damit deren Kragarm in der Lage ist, die gewünschte Last aufzunehmen. Ich konnte eine Nockenwelle dimensionieren, die die Kolbenbewegung eines Verbrennungsmotors in Drehbewegung umwandelt. Ich wusste über die Bruchfestigkeit verschiedener Materialien Bescheid. Ich kannte den Reibungsverlust von Gleitlagern. Für all diese Fälle hatten wir ein umfangreiches Handbuch, in dem das gesamte Maschinenbau-Wissen enthalten ist. Unter Kollegen nannten wir dieses Buch umgangssprachlich „Die Bibel". Wenn es irgendeine Frage gab, hieß es: „Schlag nach in der Bibel!" Wenn man sich an die Anweisungen dort gehalten hat und die Berechnungen nach den entsprechenden Formeln durchführte, funktionierten die Maschinen. Dieses Wissen konnte ich dann praktisch anwenden, indem ich Großgeneratoren konstruierte, die für Wasserkraftwerke in den österreichischen Alpen zum Einsatz kamen. Das war vor über dreißig Jahren.

Ich las auch in der anderen Bibel, dem Wort Gottes. Aber was ich damals daraus entnahm, das funktionierte in meinem Leben nicht so unmittelbar und eindeutig wie die Anweisungen in dem technischen Handbuch. „Funktioniert das, was in diesem Buch zu lesen ist, heute auch noch so wie damals, als es aufgeschrieben wurde?“, wollte ich ernsthaft wissen.

Ich war Mitglied einer kleinen evangelikalen Freikirche. Dort stellte ich mir selbst und mehreren Mitmenschen einige unbequeme Fragen: „Machen wir uns da nicht etwas vor? Ist das, was wir Glauben nennen, nicht nur Einbildung? Wie kann ich das, was wir in der Bibel lesen, im praktischen Leben umsetzen? Wodurch unterscheiden wir uns als evangelikale Christen von anständigen Ungläubigen?“ Viele Fragen bewegten mich. Es konnte mich nicht zufriedenstellen, dass wir Sonntag für Sonntag die Bibel benutzten, um damit eine etwas abgesonderte Weltanschauung zu untermauern. – Unter der Woche musste man doch im praktischen Leben seinen Mann stehen, meist ganz unabhängig von dem, was man am Sonntag gehört hatte. Mir kam es vor, als ob ich zwischen zwei verschiedenen Welten hin und her pendelte.

Ich hatte die Nase voll. Entweder, die Bibel erweist sich als Buch, das Göttliches in das ganz normale Leben bringt, oder ich würde dieses Buch vergessen. Um das herauszufinden nahm ich mir damals eine Auszeit, um in Ruhe und ganz persönlich dieses Buch zu studieren und mit Gott darüber zu streiten: „Gott im Himmel! Funktioniert das, was in diesem Buch aufgeschrieben ist, auch heute noch? Hat es für uns heute noch eine praktische Bedeutung oder ist das nur die Auflistung von alten phantastischen Geschichten?“

Ich entschied mich, auf den Spuren von Paulus nach einer Antwort zu suchen. Dieser Mann war einst einer der stärksten Gegner der ersten Christen. Er verfolgte sie und ließ sogar einige von ihnen

töten. Doch dann gab es das besagte Damaskus-Erlebnis und Saulus wurde zu Paulus. Da musste etwas geschehen sein, was über eine theoretische Erfahrung hinausgegangen sein musste. Auf den Spuren dieses Mannes erhoffte ich mir Klärung meiner Fragen.

Als ich mit einem klapprigen R4 nach Kleinasien, der Türkei, aufbrach, war ich gerade 21 Jahre alt und hatte den Führerschein ganz frisch. Diese Reise war optimal, Fahrpraxis zu sammeln. In dem orientalischen Land waren damals Ampeln an Kreuzungen eher Dekoration und hatten mit Verkehrsregelung nicht viel zu tun. „Inschalah – wenn Allah es will, kommst du ´rüber."

In Istanbul brach mein Spezial-Vehikel zusammen. Genau für so einen Fall hatte ich einen Rucksack dabei, damit ich mit dem Nötigsten die sichere Rückreise antreten konnte. Aber die Gebete in der Not – keine fromme Pflichtübung–, zeigten Wirkung. Es fand sich ein türkischer Automechaniker, der mein Gefährt für 2,50 Euro wieder zusammenschweißte, so dass ich damit bis an die syrische Grenze und zurück nach Österreich kommen konnte.

Ich konnte alle Orte besuchen, an denen Paulus auf seinen Missionsreisen vorbei gekommen war. Mich trieb damals keine Eile. Meinen R4 hatte ich zum „Wohnmobil" umgebaut. Der Beifahrersitz war umgeklappt und der Kofferraum so mit Regalen verbaut, dass ich dort einen gemütlichen Schlafplatz einrichten konne. Mit ausklappbarem Vorzelt und einem an der Tür einhakbaren Campingtisch wurde der Komfort abgerundet. Damals war der Tourismus noch nicht so etabliert wie heute. Ich blieb an den historischen Stätten so lange ich wollte, und oft war ich dort ganz alleine.

Ich las die Texte des Paulus, genau an den Orten, die er mit der jeweiligen Botschaft erreichen wollte. Ich kochte mir Tee im Alukessel auf historischem neutestamentlichem Boden und las die Bibel.

In Ankara und Umgebung kreuzte ich das erste Mal die Spuren des Apostels und las seinen Brief an die Galater, damals die Christen dieser Gegend.

Vor dieser Zeit führte die persische Seidenstraße durch dieses Gebiet, das zum Zentrum des keltischen Stammes der Galater wurde. An diese Menschen, die ihre Götter nicht das erste Mal gewechselt hatten, wandte sich Paulus mit einem Brief:

„Ich muss mich wirklich wundern, dass ihr so schnell bereit seid, euch von Gott abbringen zu lassen, der euch doch das übergroße Geschenk, ein komplett neues Leben, verfügbar gemacht hat. Ihr meint, einen anderen Weg zur Rettung gefunden zu haben? Dabei kann es gar keinen anderen Weg geben! Ihr könnt sicher sein: Was ich euch vermittelt habe, ist nicht das Ergebnis menschlicher Überlegungen. Denn auch mir hat es niemand überliefert, kein Mensch hat es mich gelehrt. Jesus Christus selbst ist mir erschienen und hat mir sein Evangelium offenbart.“
[Gal 1,6-7 und 11-12]

Die Galater litten offensichtlich an dem religiösen Urproblem der Menschheit. Man ist geneigt, etwas tun zu wollen oder zu müssen, um einen Gott gnädig zu stimmen. Jede Religion hat eine Reihe an Regeln, die es einzuhalten gilt, um in den Augen des jeweiligen Gottes akzeptabel zu erscheinen. Opferrituale wurden gefordert, verschiedene Arten der Kasteiung und des Verzichtes. Heute ist das einst christliche Land zu 99% muslimisch. Da kommen mir natürlich die islamistischen Selbstmordattentäter vor Augen, die mit dieser schrecklichen Tat ein Direktticket ins Paradies zu erhalten hoffen.

Der Brief an die Galater liest sich, als wäre es auch ein Brief an die Christen in Deutschland. Wo haben wir schleichend ein anderes Evangelium in unsere Theologie eindringen lassen?

Die weiten Ebenen Anatoliens, die karge Landschaft, der köstliche Duft aus der Garküche, die honigsüßen Teigwaren zum türkischen Mocca und immer wieder Zitate von Paulus. Er war seinerzeit unermüdlich in diesen Landstrichen unterwegs, um die damalige Welt mit einer einzigartigen Botschaft zu durchdringen. Dazu nützte der Apostel ein Eselgespann und brauchte keinen Lear-Jet, um von Großveranstaltung zu Großveranstaltung zu kommen. Sein Team war überschaubar und er flickte Zelte, um seinen Unterhalt zu verdienen. Trotzdem nahm er Einfluss auf die ganze Gesellschaft und erreichte die ganze damals bekannte Welt. Das faszinierte mich.

In Ephesus war es besonders beeindruckend, in den Rängen des großen Theaters zu sitzen. Beim Lesen konnte ich mir bildlich vorstellen, wie dieser Ort von 25.000 tobenden Menschen erbebte. Sie schrieen: „Es lebe die Diana von Ephesus!“ Ein Viertel der 250.000 Einwohner waren damals Christen. Das Souvenirgeschäft mit den Götzen ging in den Keller. Es kam dort zu einer echten Wirtschaftskrise. Die Silberschmiede zettelten den Aufstand an. Menschen waren außer sich. Die Steine vibrierten. Paulus wollte unbedingt ins Theater – eine gute Gelegenheit, das Evangelium zu verkündigen. Wo hätte er wieder 25.000 Zuhörer vor sich, wird er sich wohl gedacht haben. Seine Freunde brachten ihn aus der Stadt und retteten ihn vor den nicht mehr zu bremsenden Menschenmassen.

Welchen Einfluss hatte diese christliche Gemeinde dort? Sie bestimmten die Schlagzeilen der antiken Presse. Der Silberschmied

Demetius schrieb in der Ephes-Times: „Ihr wisst ebenso gut wie ich, dass unser Wohlstand von den kleinen Silber-Nachbildungen des Tempels abhängt. Wie ihr sicher schon gehört habt, behauptet nun dieser Paulus, von Menschen angefertigte Götter seien nichts wert. Das verbreitet er nicht nur in Ephesus, sondern in der ganzen Provinz Asia, und viel zu viele Leute glauben ihm.“ [Apg 19,25f]

Ich saß oben auf den Steinstufen dieses alten Theaters. An so einem Ort die Bibel zu lesen ist etwas Besonders. Links die Kuretenstraße, die von der phantastisch rekonstruierten Celsius-Bibliothek hoch führt. Vor mir der weite Blick hinaus über die versandete Ebene, wo sich einst der Hafen dieser bedeutenden Stadt erstreckte.

Drei Jahre war Paulus in Ephesus. Eigentlich nicht sehr lange. Es gab kein Fernsehen und kein Internet - trotzdem hat er die ganze Region Asia verändert. Was hatte dieser Mann gehabt, was uns heute möglicherweise fehlt?

Johannes verbrachte seinen Lebensabend auch in Ephesus und Polykap, der den Lieblingsjünger Jesu wohl noch persönlich gekannt haben muss, hat seinen Glauben nicht verleugnet als er deswegen hingerichtet werden sollte. Die Flammen, die ihn verzehren sollten, konnten ihn nicht töten. Erst das Schwert setzte seinem Leben ein Ende. Diese Zeugen sprechen heute noch, wenn du Ephesus besuchst und es hören willst. Wie reagieren wir, wenn wir für unseren Glauben einstehen sollen? Und dabei geht es nur um ein kurzes Bekenntnis – noch gar nicht um Leben und Tod?

Paulus erinnert sich zurück an seine Glaubens-Kumpanen und schrieb: „Seitdem ich von eurem Glauben an den Herrn Jesus und von eurer Liebe zu allen Christen gehört habe, höre ich nicht auf, Gott dafür zu danken und für euch zu beten. Ihn, den Gott unseres Herrn Jesus Christus, den Vater, dem alle Herrlichkeit gehört, bitte ich darum, euch durch seinen Geist Weisheit zu geben, dass ihr ihn immer besser erkennt und er euch seinen Plan zeigt. Er öffne euch die Augen, damit ihr seht, wozu ihr berufen seid, worauf ihr hoffen könnt und welch unvorstellbar reiches Erbe für jene breitet ist, die zu Gott gehören. Ihr sollt erfahren, mit welch unermesslich großer Kraft Gott in uns, den Glaubenden, wirkt. Ist es doch dieselbe Kraft, mit der er Christus von den Toten auferweckte und ihm den Ehrenplatz an seiner rechten Seite gab! Mit ihr hat Gott ihn zum Herrscher eingesetzt über alle Mächte und Gewalten, über alle Kräfte und Herrschaften dieser und der zukünftigen Welt. Alles hat Gott ihm zu Füßen gelegt und ihn zum Haupt seiner Gemeinde gemacht. Sie ist sein Leib: Der Schöpfer und Vollender aller Dinge lebt in ihr mit seiner ganzen Fülle." [Eph. 1,15-23]

Diese Kraft, mit der dieser allmächtige Gott in uns wirken möchte – wo ist sie heute? Darauf eine eindeutige Antwort zu bekommen, das war der Grund meiner Reise.

Nicht allzu weit von Ephesus entfernt liegt Pamukkale, was soviel wie „Baumwollschloss" heißt. Die herrlichen Sinterterrassen sind weithin bekannt. Auch die Römer haben das warme Wasser genossen und viele haben in Hierapolies ihren luxuriösen Lebensabend verbracht. Der nahezu unüberblickbare große antike Friedhof bestätigt das. Nur wenige Kilometer gegenüber lag Laodizea, eine der reichsten Städte damals in der Region. Heute liegen nur noch einige antike Steine dort zwischen Dornen herum. Die Stadt, die das letzte der sieben Schreiben an die Gemeinden erhielt – was ist aus ihr nur geworden?

Ich saß in meinem Klappstuhl, – einige Steine, die auf etwas Antikes vermuten ließen, zu meiner linken Seite, etwas entfernt vor mir ein Hirte, der mit seiner kleine Ziegenherde gemächlich unterwegs war, so als könne ihn rein gar nicht aus der Ruhe bringen und in nicht all zu großer Ferne der weiße Strich in der Landschaft, der die über zwei Kilometer breiten Sinterterrassen von Pamukkale erkennen ließ.

„Ich kenne dich genau und weiß alles, was du tust. Du bist weder kalt noch heiß. Wenn du nur das eine oder andere wärst. Weil du aber nur lau bist – weder heiß noch kalt, werde ich dich ausspeien aus meinem Munde! Du aber meinst: Ich bin reich und brauche nichts, und bemerkst dabei nicht, wie elend, bemitleidenswert und arm, blind und nackt du eigentlich bist. Ich rate dir, von mir im Feuer geläutertes Gold zu kaufen, damit du wirklich reich wirst; und weiße Kleider, um dich zu bekleiden, damit die Schande deiner Blöße nicht jedem offenkundig wird; und Augensalbe, damit du siehst.

Trotz all dem – bei denen, die ich liebe, decke ich die Schuld auf und erziehe sie mit Strenge. Nimm dir das zu Herzen. Sei nun eifrig und tue Buße! - kehre um! Merkst du es denn nicht? Noch stehe ich vor deiner Tür und klopfe an. Wer jetzt auf meine Stimme hört und mir die Tür öffnet, zu dem werde ich hineingehen und Mahl-Gemeinschaft mit ihm haben. Wer überwindet, der wird mit mir auf meinem Thron sitzen, wie auch ich überwunden und mich mit meinem Vater auf seinen Thron gesetzt habe. Hört genau hin, und achtet darauf, was Gottes Geist dir zu sagen hat!" [Offenb 3, 15-22]

Jeder in Laodizea konnte das Schreiben verstehen. Denn die Aquädukte brachten aus den Bergen frisches Quellwasser. Wenn aber durch Risse und Fugen das dreißig Grad warme Thermalwasser in das Rinnsal drang, wurde das Wasser ungenießbar, man konnte es nur ausspucken. Die Augensalbe von Laodizea war weit über die Grenzen hin bekannt. Der Reichtum der Stadt erwirtschaftete sich aus einer hervorragenden Textilerzeugung. Die Stadt war so reich, dass sie nach einem Erdbeben den Aufbau ohne Fremdhilfe selbst leisten konnte.

Heute wächst dort nur noch dürres Gras. Dort saß ich im Schatten meines Vorzeltes und las diesen Brief an die einstmaligen Christen von Laodizea.

Meint dieses Schreiben heute uns, sozusagen als die Letzten in einer bewegten langen Kirchengeschichte? Uns, das laue Christentum in Europa, das kein besonderes Profil mehr zeigt, für das kein Demetrius irgendeinen Aufstand anzetteln muss? Wir, die so reich sind – wir haben ja alles und brauchen Gott um nichts mehr zu bitten. Das Sozialsystem versorgt uns und alle möglichen Versicherungen schützen uns vor allen Gefahren. Obwohl im letzten Jahrzehnt die Zahl der bekennenden Christen ständig rückläufig ist, hat sich der Wert der kirchlichen Immobilien verzehnfacht. Wir sind offensichtlich sehr reich. Brauchen wir auch diese Augensalbe, für die Laodizea so berühmt war? Sollten auch wir etwas erkennen, was unserer Aufmerksamkeit entwichen ist? Möglicherweise gerade das, wovon Paulus an die Epheser geschrieben hat: „Er erleuchte die Augen deines Herzens, damit du weißt, wozu du eigentlich berufen bist, worauf du hoffen kannst und welch unvorstellbar reiches Erbe für dich bereitet ist. Mit welch unermesslich großer Kraft Gott in dir, dem Glaubenden, wirken möchte." [Eph 1,18f]

Die Reise führte mich an viele Plätze. Jeder hat seine eigene Geschichte – und für mich wichtige Impulse ausgelöst.

Mein R4 hat über 10.000 Kilometer durchgehalten und mich sicher nach Österreich zurück gebracht. Als Ergebnis dieser Reise wusste ich: Es gibt viel mehr, viel mehr als ich bisher in meinem Christenleben erlebt habe, aber auch viel mehr, was zwar im Wort Gottes mitgeteilt wird, aber für mich bisher verborgen geblieben war. Ohne es im Detail zu wissen, war ich mir aber innerlich sicher, dass alles, was in dem Buch der Bücher steht, auch heute möglich ist. Ich wusste das, obwohl ich zur damaligen Zeit noch keine konkrete Beweisführung dafür nennen konnte. Es fing mit dieser inneren Sicherheit an, die sich aus dem Studium der Bibel vor Ort eröffnet hatte.

Kaum zurück, traf ich in einem christlichen Hotel „zufällig" vier junge Männer, die so wie ich, nicht geplant hatten, dort zu übernachten. Wir kamen ins Gespräch und sie berichteten mir von einer Erfüllung mit dem Heiligen Geist. Mein theologischer Hintergrund war jedoch darauf ausgelegt, mir dies vorzuenthalten.

In weiterer Folge hatten diese Jungs begonnen Gott zu loben – in einer Freude und Freiheit, wie mir das bis dahin unbekannt war. Das Ganze endete in einem Anbetungsgesang in völlig undefinierbaren Sprachen, und ich dachte: „Das musste wohl die „berüchtigte" Zungensprache sein, vor der ich so eindringlich gewarnt worden war?" Aber diese Freude und diese Ausdruckskraft, Gott die Ehre zu geben, besonders, wenn ich mit meinem eigenen Latein am Ende war, und die Wiederholung meiner lächerlichen Worte nicht mehr ausdrücken konnten, was ich in meinem Herzen empfand.

Ich war hin und her gerissen zwischen „gefährlich" und „herrlich". Ich entschied mich für „herrlich", und plötzlich war ich vereint mit diesen Männern, auf die ich gerade erst gestoßen war und wir lobten Gott von ganzem Herzen in anderen Zungen.

Heute weiß ich, dass diese besondere Begegnung mit dem Heiligen Geist genau richtig war und dass die Theologie, welche Angst vor dem Heiligen Geist erzeugt, ein ganz schlimmer Irrtum ist.

„Welcher Vater würde seinem Sohn denn eine Schlange geben, wenn er ihn um einen Fisch bittet, oder einen Skorpion, wenn er ein Ei haben möchte? Wenn schon ihr hartherzigen Menschen euren Kindern Gutes gebt, wie viel mehr wird der Vater im Himmel denen den Heiligen Geist schenken, die ihn darum bitten." [Lk 11,11-13]

Die Erfahrung war wegweisend. Ich brauchte den Heiligen Geist. Viele Aussagen in der Bibel erschienen mir plötzlich in neuem Licht. Er möchte uns in die Wahrheit führen. Darauf werden wir in einem späteren Kapitel näher eingehen.

Die Reise auf den Spuren von Paulus sollte aber noch nicht zu Ende sein. Durch die ersten Erlebnisse entwickelte sich eine besondere Beziehung und Liebe zur Türkei. Immer wieder bereiste ich dieses schöne Land, alleine, mit Freunden und später mit meiner Familie.

Dabei kamen wir einmal mit einem Teppichhändler ins Gespräch. Das ist ganz leicht. Er will nämlich Teppiche verkaufen, was das Zeug hält. Irgendwie kamen wir dabei auch aufs Christentum zu sprechen. Ja, ich sagte ihm, dass ich alte Teppiche liebe – die spiegeln etwas von der Ursprünglichkeit des Landes wider. Und ursprünglich war die Türkei die Geburtsstätte der christlichen Kirchen. Das wiederum löste bei ihm diese Frage aus: „Da gibt es angeblich eine Geschichte, bei der eine Frau das Gewand von Jesus berührt hatte, von dem starke Kraft ausgegangen sein soll. So etwas gibt es doch nicht, oder?“ Wir konnten nur sagen, doch, das ist ein Bericht aus dem Neuen Testament. In weiterer Folge stellte sich heraus, dass er sich bei einem Finger die Sehne durchgeschnitten hatte, was den vorderen Teil des Fingers steif machte. „Was ist mit meinem Finger?“ wollte er wissen. „Was soll schon damit sein?“, gab ich zurück. „Ja, mit der Kraft?“, wurde er etwas konkreter. Er wollte es anscheinend wirklich wissen. Unserem Teppichhändler war die Diskussion darüber nicht genug. Mit einem Freund zusammen schlug ich ihm vor, für seinen Finger zu beten. Er willigte ein und wir nahmen seine Hand zwischen unsere und beteten laut in dem gemütlichen Teppichladen an der Südküste in der Türkei. Ich kann mich heute nicht mehr an den Wortlaut erinnern. Aber nach dem Gebet wollte er unsere Hände untersuchen. „Wo habt ihr den Elektrodraht versteckt?“, wollte er wissen. Von dem Finger bis zu seinem Herzen hatte er etwas gespürt, wie wenn elektrischer Strom fließt. Der Finger war danach immer noch steif, aber seine ursprüngliche Frage wurde auf sehr eindrückliche Weise beantwortet. Er hatte eine Kraft wie elektrischen Strom gespürt.

Zu diesem Teppichhändler entwickelte sich eine schöne Freundschaft. In seiner Freizeit waren wir öfter zusammen, und er zeigte uns entlegene Plätze, die für Touristen eher unbekannt waren.

Einige Tage hatten wir ihn schon nicht mehr gesehen. Wir fragten uns, was wohl mit ihm los sei. Da kam er eines Tages ganz aufgeregt aus seinem Geschäft herausgelaufen. „Da seid ihr ja endlich wieder!“ gab er von sich. Verwundert über seine Nervosität setzten wir uns erst mal zum üblichen Tee, bevor man so richtig ins Gespräch kommen konnte. Zuerst war nicht ganz verständlich, was er uns da erzählen wollte – er hätte etwas ganz Sonderbares erlebt – er könne darüber aber nicht sprechen, sonst würde die Wirkung vergehen. Was soll denn das nun wieder sein?, fragten wir uns. Aber im Laufe der Zeit rückte er doch damit heraus:

Früh an jenem Morgen, zu einer Zeit wo er in der Regel gut und tief schläft, wachte er auf und sah etwas Unbeschreibliches: Er selbst lag in Ketten gefesselt auf dem staubigen Boden, vor ihm stand ein Mann in einem weißen Gewand. Rechts und links daneben standen mein Freund und ich. Nun streckte die weißgekleidetet Person in der Mitte die Hand in seine Richtung aus. Aus seiner Handinnenfläche kam ein Strahl extrem hellen Lichts in Richtung der Ketten, die dadurch auseinander gesprengt wurden. Dann wies die Gestalt mit der Hand auf meinen Freund und mich und sagte: „Den Weg, den die beiden gehen, gehe!“

„Was war das? Welchen Weg geht ihr?“, fragte er uns. – Jetzt verstanden wir, warum er so aufgebracht war. Wir erzählten ihm genau, welchen Weg wir mit Jesus gingen. Er buchstabierte jedes Wort auf seinen Lippen nach und schrieb alles in seinen Time-Manager. Er wollte es offensichtlich ganz genau wissen.

Das Gespräch führte unweigerlich zu dem Punkt, an dem er sein Leben Jesus geben musste, der ihm an diesem Morgen auf so besondere Weise erschienen war.

Wir knieten auf seinen schönen Teppichen nieder und er bat um die Vergebung seiner Sünden und lud Jesus Christus als seinen Herrn in sein Leben ein.

Damals waren wir gerade am Ende unserer Reise. Am nächsten Tag sollte es zurückgehen. Was sollten wir nun aber mit diesem neubekehrten Türken tun? Was haben sie im Neuen Testament in solchen Fällen getan? Sie suchten das nächste Wasser und tauften einfach. Aber wir hatten ja noch gar keinen „Taufkurs" durchgeführt. Auch die Mitgliedschaft in einer Kirche war nicht geklärt. Wir mussten einige Vorstellungen über Bord werfen und einfach tun, was in der Bibel steht.

Wir hatten vereinbart, dass wir um 23 Uhr wiederkommen würden, um ihn im Meer zu taufen. Er wartet bereits vor seinem Geschäft. Gemeinsam spazierten wir die Einkaufspromenade hinunter bis zum Meer. Wir erklärten ihm, was nun hier geschehen würde. „Du bist mit Christus gestorben, mit deiner ganzen verlorenen Natur, und du bist mit ihm auferstanden zu dem neuen Leben in Christus. Das bekennst du, wenn du hier getauft wirst." So und mit vielen weiteren Worten erklärten wir ihm alles Neue, das gerade auf ihn einprasselte.

Dann tauchten wir ihn unter – mit Christus begraben – und wir holten ihn wieder heraus – in Christus, eine neue Schöpfung. Kaum war er wieder aus dem Wasser, begann unser neubekehrter Türke die Bibel zu zitieren, die er zuvor noch nie gelesen hatte. Er sprach etwa dreißig Minuten eine Bibelstelle nach der anderen. Wie wir später feststellen konnten, habe viele dieser Aussagen prophetisch die nächsten Schritte seines Lebens betroffen.

Ich kam mir vor wie einer, der aus Versehen über die Absperrung getreten ist und sich plötzlich mitten bei den Dreharbeiten von einem Film der Apostelgeschichte wiedergefunden hat. Aber das, was wir dort gerade erlebt hatten, war kein Film. Es war die totale Realität. An dem Morgen hatte unser Freund noch eine außergewöhnliche Vision, in der ihm Jesus begegnete und ihm mitteilte, er soll den Weg gehen, den wir gingen. Erst die Bekehrung und dann seine Taufe, die in diesen prophetischen Aussprüchen endetet. Ich hatte Tränen in den Augen und ich wusste nicht mehr, was ich sagen sollte. Das war ganz schön viel für einen einzigen Tag.

Am nächsten Tag reisten wir ab und ließen eine unserer Bibeln zurück bei ihm.

Einige Wochen später erreichte uns die Nachricht, dass unser Freund im Gefängnis sitze. Jemand in der Verwandtschaft konnte es nicht akzeptieren, dass er zum Glauben an Jesus konvertiert war. Für Muslime ist so etwas das Schlimmste. Wie wir wissen, führt es mancherorts sogar zu den sogenannten Ehrenmorden. Es ist eine Schande für die muslimische Familie. Unser Freund wurde „nur" wegen einer kriminellen Handlung angezeigt, die er nicht begangen hatte. Aber das reichte, um erst mal in Untersuchungshaft zu geraten. Die kann dann aber dauern!

Er war mittlerweile sechs Monate in U-Haft – das ist sicher keine Erholung. Er befand sich mit fünfzig anderen Gefangenen in einer Zelle. Dort gilt eine regelrechte Hackordnung, um an die nötigsten Dinge zu gelangen, zum Beispiel an das wenige Nahrhafte, was im großen Suppentopf schwamm.

Verhandlungen wurden vertagt, weil eine Zeugenaussage fehlte, oder ein Dokument gerade nicht auffindbar war.

Zu dieser Zeit hatte ich den Eindruck, dass der Herr mir mitteilte, ich solle in die Türkei fliegen und unseren Freund aus dem Gefängnis „befreien". – Absurd, nicht? – Als Österreicher und auch nicht verwandt mit dem Gefangenen hatte ich doch kein Mandat. – „Gehe, und ich werde mit dir sein!", war die kurze Anweisung, die ich durch den Heiligen Geist vernahm.

Ich wusste nicht, warum genau er in U-Haft war, kannte nicht die Termine für die nächsten Verhandlungen, aber auf diesen Endruck hin suchte ich mir einen Begleiter und flog in die Türkei.

Ich fasse dieses Erlebnis hier nur in aller Kürze zusammen, denn all die vielen erstaunlichen Ereignisse in diesem Zusammenhang würden ein eigenes Buch füllen.

Ich kam mit meinem Freund „zufällig" zwei Tage vor der nächsten Gerichtsverhandlung an der Südküste in der Türkei an. Davor erhielten wir kurioserweise noch die Erlaubnis, unseren Freund im Gefängnis zu besuchen. Allein diese Erlaubnis ist ein großes Wunder – so von jetzt auf nachher.

Das alles spielte sich in demselben Gefängnis ab, in dem 2008/09 dieser deutsche Jugendliche Marco in U-Haft war. Du erinnerst dich vielleicht noch an die großen Bemühungen von Bundeskanzlerin und Außenminister. Nichts ging.

Ich, Mr. Unwichtig, erhielt sogar eine Besuchserlaubnis. So ein Gefängnis ist mit absoluter Sicherheit kein Sightseeing Point, den dieses Land seinen Touristen gerne zeigen würde, – damals noch weniger als heute. Das Gebäude war in einem erbärmlichen Zustand.

Ich wurde von einer Gitterschleuse zur nächsten geführt. Die Türen schlossen sich hinter mir und keiner klärte mich auf, was mich dort erwarten würde. Nach längerer ungewisser Wartezeit kam ich in eine Besucherzelle. Rostige Gitterstäbe, verschmiertes Panzerglas, dahinter mein Freund, der vor etwas mehr als neun Monaten in einem muslimischen Land Christ wurde, weil ihm Jesus begegnete. Er sah deutlich schlanker aus – er war nicht mehr der durchtrainierte stämmige Mann, den ich in Erinnerung hatte.

Meine Absicht war, ihm Mut zuzusprechen: „Wir beten für dich – ein ganzes Netz rund um die Erde." Aber er erzählte mir: „Vor zwei Wochen hatte ich einen Traum. Da sah ich: Wenn du kommst, werde ich frei sein." Als er mich sah, war für ihn schon alles klar. – Es erübrigte sich, ihm da noch Mut zuzusprechen. Ich hatte vielmehr das Problem, Luft zu bekommen. Wieder fehlten mir die Worte, wie nach der Taufe. Wieder war ich Zuschauer von Gottes Handeln.

Er erzählte mir einiges über die Zustände in der Zelle und die Hintergründe der Anklage. Die Besuchszeit dauerte nicht lange, war dafür umso intensiver.

Für den nächsten Tag war die Gerichtsverhandlung anberaumt. Wir sahen, wie unser Freund auf einem LKW mit anderen Häftlingen an Händen und Füßen zusammengekettet vorgeführt wurde.

An dem Tag führte ein anderer Staatsanwalt und ein anderer Richter die Verhandlung. So etwas kommt eigentlich nie vor. Wir standen an der Eingangstür zum Verhandlungsraum. So konnten wir den einen oder anderen Blick erhaschen. Wir verstanden natürlich nichts, aber nach fünfzehn Minuten war unser Freund freigesprochen. Die Freude war unbeschreiblich. Seine Frau weinte, der Schwiegervater lag uns in den Armen.

Was hat Gott hier inszeniert? Ich fühlte mich wie im falschen Film. Der Gestank, die schlechte Beleuchtung, die spürbare Bedrückung der beteiligten Menschen. Das Gefängnis – aber all das war absolut real. Ich hatte damals keinen Wachtraum gehabt. Das Gebäude mit den rostigen Gitterstäben existierte wirklich. Unser Freund war tatsächlich sechs Monate in U-Haft.

Am Nachmittag holten wir ihn aus dem Gefängnis ab und fuhren gemeinsam zur Wohnung seiner Schwester. Ein kleines Freudenfest unter Freunden sollte dort stattfinden.

Als wir in der Wohnung auftauchten, war die Frage nicht zu verdenken: „Was tun denn diese beiden Fremden da?" „Die sind gekommen und haben im Namen von Jesus gebetet und deshalb bin ich frei!" antwortete unser Freund daraufhin mit Stolz. Das war natürlich wie ein Schlag ins Gesicht für die anwesenden Muslime.

Es gab wie immer gutes Essen, das man am Boden sitzend zu sich nahm. Später standen einige Frauen am Fenster und betrach-

teten Röntgenbilder. Ich wurde dann aufgeklärt, dass es sich um Aufnahmen von drei Daumennagel großen Nierensteinen seiner Schwester handelte.

Ich bot an, dass wir für die Schwester im Namen Jesus beten könnten, damit die Nierensteine verschwinden. Die Leute diskutierten heftig durcheinander, mit vielen „üs“ und „ös“. Ich verstand wie immer nichts. Schließlich willigte man ein – „wenn es schon nichts nützt, werde es wohl nicht schaden“ – war das Resümee.

Ich erklärte mit einigen Versen aus dem Incil (türkisches Neues Testament), was hier nun geschehen würde. Also knieten wir uns auf dem maschinell gefertigten Kunststoffteppich nieder und ich sagte den Nierensteinen, dass sie sich auflösen sollten. Kurz und bündig. Dazu bin ich als einer, der gerade an Jesu statt vor Ort war, berechtigt. – Unmittelbar darauf war natürlich kein Ergebnis zu sehen. So machten sich etliche der Gäste lustig über diese Handlung und erzählten von ihren eigenen übernatürlichen Erfahrungen, die für türkische Familien gang und gäbe sind. Dämonen sind dort so normal wie Kaffee trinken. Sie erzählten, wie gelegentlich Tassen und Teller aus dem Geschirrschrank schwebten, bis sie dann irgendwann hinunter fielen und zerbarsten. Oder es erschienen schreckliche dämonische Fratzen an der Wand und versetzten alle Anwesenden in Angst und Schrecken.

Ich warf die Frage in den Raum: „Wenn diese Frau jetzt keine Nierensteine mehr hätte, wäre das doch viel interessanter als immer wieder neue Tassen kaufen zu müssen, oder?“

Es stellte sich heraus, dass die Schwester Krankenschwester war. Am nächsten Morgen bei der Arbeit ließ sie sofort eine Ultraschallaufnahme machen. – Es waren keine Nierensteine mehr zu sehen!

Jeder in der Verwandtschaft und alle Freunde wussten sofort, was geschehen war. Dazu brauchte es kein Fernsehen und keine Zeitung. 140 Kilometer östlich besuchten wir am nächsten Tag einen anderen Teil der Familie. Alle wussten Bescheid: Jesus hat die Nierensteine beseitigt!

Die folgenden zwei Wochen wurden täglich Menschen geheilt, nachdem wir etwas vom Incil, dem Evangelium, weitergegeben hatten. Ich kann mich nicht erinnern, welche Gebete damals nicht zur Heilung geführt hätten. Es waren verschwindend wenige. Jeden Tag trafen wir uns zu Mittag und am Abend in den Häusern. Und wohin wir auch gingen, alle kamen mit. Die meisten nahmen Jesus als ihren Herrn und Retter an. Etliche hatten davor Träume, in denen ihre speziellen Fragen beantwortet wurden. Wir tauften auch sie im Meer.

Das war eine aufregende Zeit und trotzdem ohne Stress. Ich war einfach nur da. Ich brauchte nichts zu organisieren. Ich folgte nur den Einladungen in die Häuser. Dort habe ich einfach der Situation entsprechend gehandelt. Ich musste mich auf keine Predigt vorbereiten.

Da stellte sich mir natürlich die Frage: „Habe ich eine spezielle Berufung für die Türkei?“ Nach all dem, was ich dort erlebt habe, war diese Frage sehr naheliegend. „Das ist nur die Antwort auf deine Frage von damals „Funktioniert dieses Buch auch heute noch?“““, vernahm ich als Antwort vom Heiligen Geist.

Unglaublich! Um mir diese Frage von damals zu beantworten, hatte Gott etwas derartig Gigantisches inszeniert. Die erste Bekehrung mit der Vision „Den Weg, den die gehen, gehe!". Das prophetische Wort nach der Taufe, die Befreiung aus dem Gefängnis, die vielen Heilungen, Dämonenbefreiungen, – nur um mir zu sagen: „Was in der Bibel steht, funktioniert alles auch heute."

Kannst du dir vorstellen, wie es mir damit geht? Ich hoffe nicht, dass du von mir erwartest, dass ich cool damit umgehe. Es lässt mich, nun auch einige Jahre danach, nicht cool. Was da mit mir geschehen ist, hat sich in mein Inneres tief eingebrannt. Wann immer ich eine schwierige Zeit habe oder mein Glaube etwas angefochten wird, dann gehe ich innerlich an den Ort dieser Segnungen zurück und erinnere mich: „Ja, alles funktioniert, was geschrieben steht!"

Für mich wurden diese Erfahrungen wie einer jener Steinhaufen des Volkes Israel, den sie an bestimmten Stellen aufgerichtet hatten, an denen sie der Gott ihrer Väter besonders gesegnet hatte. So erinnerten sie sich beim Vorbeikommen immer wieder daran, was Gott für sie getan hatte.

Der Vater unseres Herrn Jesus Christus hat mich auf diese sehr eindringliche Weise gelehrt, dass alles, was er in seinem Buch aufgeschrieben hat, funktioniert – zu jeder Zeit und an jedem Ort. Ja, alles! – Wirklich alles.

So wurde ich zu einem der naiven Christen, der die Bibel wie ein Kind beim Wort nehmen will. Es ist natürlich klar, dass ich vieles noch nicht kapiere, aber der Zugang wurde dadurch festgelegt. Wenn etwas in meinem Leben nicht funktioniert, was im Wort Gottes verheißen ist, dann versuche ich nicht eine fromme Erklärung zu entwickeln, die mich beruhigt und mir schlaue Argumente liefert, warum der Status quo so bleiben darf.

Jetzt weißt du, „woher" ich komme und ein wenig über meine Motivation. Ich kann diese Erfahrung nicht ungeschehen machen und ich will sie auch nicht vergessen. Ich will darüber auch nicht diskutieren, ob das in irgendeine theologische Schublade passt. „Ja, aber ..." Von Aber-Glauben halte ich nichts. Gott hat mir gezeigt, dass das, was er uns in seinem Wort mitgeteilt hat, auch heute genauso funktioniert wie in den ersten Tagen der Gemeinde. Um sein Wort wirklich nützen zu können, brauchen wir den Heiligen Geist. Ich habe zuvor auch viel in der Bibel gelesen, aber vieles nicht erkannt. Mit dem Heiligen Geist, wirkt sich das dann so aus, als hielte ich ein anderes Buch in Händen. Bibelstellen eröffnen sich auf einmal in ganz neuer Dimension.

Jetzt bleibt nur noch die Frage: Willst du das auch so erleben? Willst du, dass das Wort Gottes in seiner einfachen göttlichen Übernatürlichkeit in deinem Leben und deiner Umgebung zur vollen Auswirkung kommt?

Wenn ja, dann wird dir dieses Buch eine kleine Hilfe dazu sein. Wenn nein, dann lege das Buch am besten weg. Es würde dich nur ärgern.

Ein ehrliches Eingeständnis

Wo stehen wir heute als Christen in Deutschland, in Europa? Dabei geht es nicht darum, etwas schlecht zu reden. Es geht ausschließlich darum, mögliche Mängel zu erkennen und diese dann von unserem Herrn der Gnade ausfüllen zu lassen.

Wenn wir aber unseren Mangel nicht eingestehen, werden wir diesen auch nicht ausfüllen lassen können. Das wäre doch dumm, oder?

Wenn es aber jemand von euch an „etwas“ mangelt, so bitte er Gott, der allen willig gibt und keine Vorwürfe macht, und es wird ihm gegeben werden. [Jak 1,5]

Ich habe hier Weisheit mit „etwas“ ersetzt. So wie ich meinen Gott, den Vater von Jesus Christus bisher kennengelernt habe, füllt er all deinen Mangel aus, wenn du ihn nur vor ihm eingestehst. Er macht dir auch keine Vorwürfe: „Ach, du schon wieder! Hast du es immer noch nicht gebacken bekommen?“ Nein, es ist ihm total wichtig, dass du in keinen Bereichen deines Lebens mehr Mangel hast. Nur so kannst du ein Beweis dafür sein, wie der allmächtige Gott ist, der möchte, dass alle Menschen errettet werden und die Wahrheit erkennen. [1 Tim 2,4]

„Erachte es für totale Freude, wenn du Gelegenheit bekommst, deinen Glauben zu „versuchen" – oder auszuprobieren – anwenden zu können. So entwickelst du Ausdauer. Diese Ausdauer bringt ein vollkommenes Werk hervor, damit du fehlerlos und vollendet bist und in nichts Mangel hast." [Jak 1,1-4]

Wenn das hier so steht, dann ist das auch tatsächlich genauso möglich, dass du in nichts Mangel hast. Auf der anderen Seite ist es aber auch ganz normal und legitim, dass wir an den verschiedensten von Gott verheißenen Zusagen Mangel haben. Es gibt da keine Schuldfrage. Alle Schuld ist dir als Christ bereits vergeben. Das Einzige, was dabei wichtig ist: Keiner soll in irgendeinem Zustand des Mangels bleiben.

Daher ist es am besten, du machst dir eine persönliche Mängelliste und legst sie dem Chef zur Behebung vor. Das ist nichts Besonderes, in jedem guten Unternehmen geht man genau so vor. Der Chef ist interessiert, dass alle Mängel behoben werden. Das steigert die Produktivität und Effizienz der Company. Der Firma „Kirche" geht es da nicht anders. Der Chef ist dabei voll auf sein Bodenpersonal angewiesen. Er rechnet mit deiner Kooperation. Es gibt keine Schuldzuweisung und keine Bloßstellung – für jede Mangelbehebung gibt es nur Bonus um Bonus. Stell dir vor, du hättest keinen Mangel mehr – das wäre doch der absolute Hammer!

Wenn du dich im folgenden Abschnitt auf Mängel untersuchst, dann gilt das nur für dich persönlich. Das ist keine Anleitung dafür, den Splitter im Auge eines anderen zu entfernen, es geht ausschließlich um den Balken in deinem Auge. Kann ich mich darauf verlassen?

Mängelliste

Mangel an Glauben

Obwohl jeder bei seiner geistlichen Geburt eine Grundausstattung an Glauben mit einer Probepackung Windeln und einem Hipp-Breichen mitbekommen hat, kann es sein, dass du hier Mangel empfindest. Glaube ist dir geschenkt worden. Du hast vielleicht nicht gelernt, diese Erstausstattung regelmäßig einzusetzen.

Geistliche Dinge „verflüchtigen" leicht, wenn wir sie ungenützt herumliegen lassen.

Nur im Gebrauch wachsen sie.

Das Wort Glauben ist möglicherweise etwas hochtrabend und wurde oft fromm strapaziert. Ersetze es einfach durch Vertrauen.

Vertraust du Gott, dass er tun kann, was er versprochen hat? Oder denkst du, er sei mit dem wachsenden Chaos dieser Welt überfordert? Wie groß ist dein Gott? So groß, wie deine Brieftasche? Kleiner als dein Problem, dass dich gerade mit Sorgen gefangen hält? Wie sieht es mit Sorgen aus in deinem Leben? Wie geht es dir mit Ängsten? Wenn du diese Fragen ehrlich beantwortest, kannst du feststellen, wie dein Mangel an Glauben aussieht.

... und dies ist der Sieg, der die Welt überwunden hat: Unser Glaube. [1 Joh 5,4]

Mangel an Erkenntnis

Damit meine ich nicht dein Wissen, dass du dir im Laufe der Zeit deines Christseins angehäuft hast. Gerade Christen in Deutschland wissen so viel und haben kaum Erkenntnis. Auf jede Frage eines Ungläubigen gibt es eine theoretische Antwort. Das hilft zwar niemanden, brachte aber den Christen den Titel ein, dass sie die „Besserwisser" sind. Das kann schnell in Beziehungen hinderlich werden.

Hier geht es um die Erkenntnis Christi. Du musst wissen, wer er heute ist – nicht so sehr, wer er damals auf der Erde war.

Der Vater der Herrlichkeit gebe euch den Geist der Weisheit und Offenbarung in der Erkenntnis seiner selbst. [Eph 1,17]

Hier geht es aber auch um die Erkenntnis, wer du bist – in Christus – das ist ganz sicher ein anderer, als der, den du im Spiegel siehst, wenn du hineinschaust.

Wie sieht es mit deiner Berufung aus? Weißt du einigermaßen genau, wozu Gott dich berufen hat? Das hat meistens nichts mit deiner natürlichen Begabung zu tun, was schlaue Gabentests zu vermitteln versuchen. Es geht um die Berufung, die du von Gott hast – und die ist übernatürlich, weil auch Gott ganz und gar übernatürlich ist. Eher dort, wo du deine Schwächen hast, kann sich Gott als Gott an dir erweisen.

Damit du weißt, was die Hoffnung deiner Berufung, was der Reichtum der Herrlichkeit seines Erbes in dir, einem der Heiligen, ist. [Eph 1,18]

Mangel an Heiligem Geist

Wer ist der Heilige Geist für dich? Hast du eine innige Gemeinschaft mit dem Heiligen Geist? Ist dir seine Gegenwart bekannt oder eher fremd? Seit Pfingsten steht er ja unlimitiert zur Verfügung, aber nützt du diese Möglichkeit auch? Ohne Heiligen Geist bist du nur eine traurige religiöse Gestalt und musst mit deinen menschlichen Ressourcen so tun als ob. Das ist sehr anstrengend und besonders unergiebig. Das degradiert dich dazu einen extrem schwachen Gott zur repräsentieren. Damit verunehrst du den, dem alle Macht gegeben ist, über Himmel und Erde.

Der Heilige Geist ist die Kraft, die dich erfüllen will.

Es gibt Denominationen, die haben eine gewisse Form der Gläubigkeit, die Kraft des Heiligen Geistes verleugnen sie aber. Von denen halte dich fern! [2 Tim 3,5]

Ist dir diese Kraft gegenwärtig? Wenn nicht, setze es ganz groß auf deine Mängelliste als dringende „Bedarfsmeldung".

Mangel an den Gaben des Geistes

Hier gibt es spitzfindige Theologen, die ihren Mangel dadurch kompensieren, indem sie einfach erklären, dass es gewisse Gaben des Geistes nicht mehr gäbe, weil wir sie heute nicht mehr bräuchten. Das ist ein fataler Irrtum und ich hoffe, du gehörst nicht zu denen, die so denken.

„Ihr habt keinen Mangel an einer der Gnadengabe des Geistes, während ihr das Offenbarwerden unseres Herrn Jesus Christus erwartet." [1 Kor 1,7]

Welche Gaben des Geistes funktionieren bei dir? Mindestens eine steht dir auf jedem Fall zu, in der Regel sind es aber mehrere. Makramee knüpfen und WC reinigen gehören jedenfalls nicht zu den Geistesgaben. Schau dir die Liste dieser Gaben in 1 Kor 12 einmal näher an!

Mangel an Vergebung

„Passt das in diese Reihe?", habe ich mich gefragt. Vergebung ist doch nicht etwas, das man haben kann wie Glauben, Erkenntnis oder Liebe. Aber doch, wenn du daran Mangel hast, dann hast du „die Arschkarte gezogen".

„Wenn ihr aber den Menschen nicht vergebt, so wird euer Vater eure Vergehungen auch nicht vergeben." [Mt 6,15]

Das klingt verdammt ungünstig. Also lohnt es sich, darüber nachzudenken, ob du hier einen Mangel hast. Gibt es eventuell versteckte Bitterkeiten, die an deiner Seele nagen? Denke an den zentralen Teil des Vaterunser: „Vergib uns ... wie auch wir vergeben denen, die uns gegenüber schuldig geworden sind." Wie sieht das in Bezug auf die Menschen in deiner Kirche aus? Wie mit deinen Eltern, deinen Vorgesetzten im beruflichen Bereich? Es ist sehr wahrscheinlich, dass jemand an dir schuldig geworden ist. Deine Aufgabe ist es zu vergeben. Gehe diesen Teil der Mangel-Analyse sehr genau durch.

Mangel an Gnade

Was musst du alles leisten, damit du rechnen kannst, dass Gott mir dir zufrieden ist? Wie religiös bist du, dass du ganz subtil versuchst, durch Anstrengungen bei Gott Pluspunkte zu sammeln? Was musst du alles in deiner Kirche tun, um als guter Christ dazustehen?

„Achtet darauf, dass nicht jemand an der Gnade Gottes Mangel leide, dass sich dadurch nicht Bitterkeit ausbreitet und euch zur Last wird und durch sie viele verunreinigt werden." [Hebr. 12,15]

Die Gnade ist der zentrale Inhalt unseres Glaubens. Gnade macht den gravierenden Unterschied zu allen möglichen Religionen dieser Erde aus.

„Wenn aber durch Gnade, so nicht mehr aus Werken; sonst ist die Gnade nicht mehr Gnade.“ [Röm 11,6]

Prüfe die Richtung: Tust du etwas, um damit bei Gott etwas zu erreichen? Tust du etwas, weil es dein Pastor von dir verlangt? Oder tust du es, angetrieben aus Dankbarkeit wegen der unfassbaren Gnadengeschenke, die du Tag für Tag erhältst? „Denn aus seiner Fülle haben wir alle empfangen, und zwar Gnade um Gnade.“ [Joh 1,16]

Mangel an Liebe

Da gibt es einen ganz einfachen Test: Wie sehr dreht sich alles um dich? Was ist der Hauptinhalt deiner Gebete? – Mir, meiner, mir, mich ... – Oder hast du auch andere Menschen im Blick? Wie sehr bewegt es dich, dass die meisten Leute um dich herum für ewig verloren sein werden? Wofür brennt dein Herz, kannst du Leidenschaft entwickeln? – Das hat mit Liebe zu tun. Aber auch hier, wie bei allen anderen Mangelerscheinungen, geht es nie um Leistung und um Schuld. „Wir lieben, weil er uns zuerst geliebt hat.“ [1 Joh 4,19]

Falls du diese erste Liebe verloren haben solltest, dann schreib das auf deine Mängelliste und lass dir eine ganz neue Ladung erste Liebe schenken. Wie bereits gesagt, er gibt gerne und reichlich!

Mangel an Selbstbeherrschung

Ein Sportler, der ein Ziel erreichen will, braucht Disziplin. Er gibt nicht gleich bei dem geringsten Widerstand auf. Er entscheidet sich, einiges nicht zu tun, was ihn von dem Ziel abhalten würde. Das ist Selbstbeherrschung.

„Wisst ihr nicht, dass die, welche in der Rennbahn laufen, zwar alle laufen, – aber nur einer den Preis empfängt? Lauft also so, dass ihr ihn erlangt! Jeder aber, der kämpft, ist selbstbeherrscht in allem; jene freilich, damit sie einen vergänglichen Preis gewinnen, wir aber einen unvergänglichen.“ [1 Kor 9,24-25]

Wie sieht es mit deiner Kompromissbereitschaft aus? Lässt du gerne mal alle fünfe gerade sein? Wie sieht es mit deinem Zorn und deinen persönlichen Süchten aus? Nicht nur die Nikotinsucht, sondern auch die des Schlechtredens.

Wer Mangel an Selbstbeherrschung hat, könnte die Konsistenz eines schwabbeligen Waschlappens haben – vielleicht hilft dir das bei der Identifizierung.

Mangel an Vision

Weißt du, was Gott für dich vorbereitet hat?

„Wir sind in Christus Jesus dazu geschaffen, gute Werke zu bewirken, die Gott vorbereitet hat, damit wir jetzt in sie einsteigen.“ [Eph 2,10] Was hat Gott in deinem Leben vor? Was soll in deiner Stadt, in deiner Region, in deinem Land passieren, damit alle Erkennen, dass Jesus Christus Herr aller Herren ist? Ist dir klar, dass du Juniorpartner in Gottes Business sein darfst? Aus Mangel an Vision könnte ein ganzes Volk zu Grunde gehen! Für das Volk Gottes in Deutschland wäre das fatal!

Während du über diese Punkte nachdenkst, werden dir vielleicht noch weitere Mangelerscheinungen in den Sinn kommen. Schreibe alles auf deine Liste und dann – ab zum Chef. Ohne Ansehen deiner Person wird er dir geben, worum du ihn bittest. Setze Glauben gleich an ganz oberste Stelle, denn davon kannst du nie genug bekommen!

Schreibe auch mir, damit ich diese Mängelliste bei der nächsten Auflage ergänzen kann.

Also, wenn dir etwas mangelt, so bitte Gott, der dir willig gibt und dir keine Vorwürfe macht (dass du schon wieder auf der Matte stehst), er wird es dir einfach geben. Bitte aber im Glauben, zweifle nicht; denn der Zweifler gleicht einer Meereswoge, die vom Wind bewegt hin und her getrieben wird. Ein solcher Mensch erwartet nicht, dass Gott ihm etwas gibt. In allem, was er tut, ist er unbeständig eben hin- und hergerissen. [Jak 1,5-7]

„Der Herr ist mein Hirte, mir wird nichts mangeln. Er lagert mich auf grünen saftigen Auen, er führt mich zu frischen Quellen. Er gibt mir neue Kraft. Er leitet mich auf Wegen der Gerechtigkeit um seines Namens willen. Auch wenn ich durch dunkle Täler muss, fürchte ich kein Unheil, denn du bist bei mir und tröstest mich. Du bereitest vor mir einen Tisch vor den Augen meiner Feinde; du hast mein Haupt mit Öl gesalbt, mein Becher fließt über. Nur Güte und Gnade werden mich begleiten alle Tage meines Lebens; und im Haus des Herrn darf ich für immer bleiben.“ [Psalm 23]

Back to the roots

Gehen wir zu den Anfängen der Mission zurück.
Wie ist es vor mehr als 2000 Jahren losgegangen?

Jesus hat sich abgemeldet: „Ich gehe zum Vater, daher sende ich euch.“ Zuvor hatte er seinen elf Freunden noch einen vierzig Tage „Crash-Kurs“ in Sachen Reich Gottes gegeben. „Verkündigt das Evangelium des Reiches Gottes! - Kein anderes Evangelium. – Mir ist alle Macht gegeben im Himmel und auf Erden. Das Reich Gottes ist dort, wo der Wille des Vaters getan wird. Geht hin, macht alle Nationen zu Jüngern, indem ihr diese tauft, und sie lehrt, alles zu bewahren, was ich euch anvertraut habe. – Und merkt euch eines: Mit dieser Macht und Autorität des Reiches Gottes bin ich bei euch bis zur Vollendung dieser Zeit. [Mt 28,19-20]

„Verlasst Jerusalem nicht! Bleibt so lange hier, bis in Erfüllung gegangen ist, was euch der Vater durch mich versprochen hat. Denn Johannes hat mit Wasser getauft; ihr aber werdet bald mit dem Heiligen Geist getauft werden.“

„Ihr werdet den Heiligen Geist empfangen und durch seine Kraft meine Zeugen sein in Eurer Stadt, in Eurem Bundesland, in ganz Deutschland und bis an die Enden dieser Erde." [Apg 1,4-5;8]

Seine elf Jünger waren immer noch etwas eingeschüchtert und verstanden bei weitem nicht die Zusammenhänge der aufregenden Ereignisse der vergangen Wochen und auch nicht, was Jesus ihnen eben im Detail erklärt hatte. Der Heilige Geist war ja noch nicht im vollen Umfang gegenwärtig.

Alle Jünger, auch einige Frauen, unter anderem Maria, die Mutter Jesu, und außerdem seine Brüder trafen sich regelmäßig in einem Raum, nennen wir ihn das Wartezimmer in der oberen Etage. Täglich kamen sie einmütig zum gemeinsamen Gebet zusammen. Es waren insgesamt hundertzwanzig Wartende und sie haben sich an die Anweisung gehalten. Sie warteten einfach.

Auch zu Beginn des Pfingstfestes waren sie dort wieder beisammen. Plötzlich kam vom Himmel her ein Brausen wie von einem gigantischen Sturm und erfüllte das Haus. Zugleich sahen sie etwas wie züngelndes Feuer, das sich auf jedem Einzelnen von ihnen niederließ. So wurden sie alle mit dem Heiligen Geist erfüllt und redeten in Sprachen, die sie selbst nicht verstanden, jeder so, wie der Heilige Geist es ihm gab.

Zu diesem Fest waren viele fromme Juden aus aller Welt nach Jerusalem gekommen. Als sie das Brausen hörten, liefen sie von allen Seiten herbei. Fassungslos hörten sie diese hundertzwanzig aus dem „Wartezimmer" in seiner eigenen Sprache reden. „Wie ist das möglich?", riefen sie außer sich. „Alle diese Leute sind doch hier aus der Gegend, und nun hören wir sie in unserer Muttersprache reden; ganz gleich, ob wir Parther, Meder oder Elamiter sind. Andere von uns kommen aus Mesopotamien, Judäa, Kappadozien, Pontus und der Provinz Asia, aus Phrygien, Pamphylien und aus Ägypten, aus der Gegend von Kyrene in Libyen und selbst aus Rom. Wir sind Juden oder Anhänger des jüdischen Glaubens, Kreter und Araber. Doch jeder von uns hört diese Leute in seiner eigenen Sprache von Gottes großen Taten reden!" Bestürzt und ratlos fragte einer den anderen: „Was soll das bedeuten?" Einige aber spotteten: „Die haben doch nur zu viel getrunken!"

Mit den anderen elf Aposteln erhob sich Petrus und rief der Menge zu: „Ich will euch erklären, was hier geschieht. Diese Leute sind nicht betrunken, wie einige von euch vermuten. Es ist ja erst neun Uhr morgens. Nein, hier erfüllt sich gerade, was Gott durch den Propheten Joel vorhergesagt hat. Bei ihm heißt es: ‚In den letzten Tagen, spricht Gott, will ich die Menschen mit meinem Geist erfüllen. Eure Söhne und Töchter werden aus göttlicher Eingebung reden, eure jungen Männer werden Visionen haben und die alten Männer bedeutungsvolle Träume. Allen Männern und Frauen, die mir dienen, will ich meinen Geist geben, und sie werden in meinem Auftrag prophetisch reden.

Gott hat Jesus von den Toten auferweckt. Wir alle können das bezeugen. Nun hat Gott ihn zum Herrscher eingesetzt und ihm den Ehrenplatz an seiner rechten Seite gegeben. Jesus empfing vom Vater den Heiligen Geist, wie es vorausgesagt war, und gab ihn uns. Ihr seht und hört jetzt selbst, dass das gerade in Erfüllung gegangen ist. Nicht David ist zum Himmel aufgefahren, denn er sagt: ‘Gott, der Herr, sprach zu meinem Herrn: Setze dich auf den Ehrenplatz an meiner rechten Seite, bis ich dir alle deine Feinde unterworfen habe, bis du deinen Fuß auf ihren Nacken setzt.’ Alle sollen wissen: Gott hat Jesus, den ihr gekreuzigt habt, zum Herrn und Retter gemacht."

Als die Leute das hörten, waren sie von dieser Botschaft tief betroffen. Sie fragten Petrus und die anderen Apostel: „Brüder, was sollen wir tun?" „Kehrt um zu Gott!", forderte Petrus sie auf. „Jeder von euch soll sich auf den Namen Jesu Christi taufen lassen, damit euch Gott eure Sünden vergibt und ihr den Heiligen Geist empfangt."

Viele Zuhörer glaubten, was Petrus ihnen sagte, und ließen sich taufen. Etwa dreitausend Menschen kamen an diesem Tag hinzu.

Sie ließen sich regelmäßig von den Aposteln im Glauben unterweisen und lebten in enger Gemeinschaft, brachen das Brot und beteten miteinander. Eine tiefe Ehrfurcht vor Gott erfüllte sie alle. Gott wirkte durch die Apostel viele Zeichen und Wunder. Die Gläubigen lebten wie in einer großen Familie. Was sie besaßen, gehörte ihnen gemeinsam. Wer ein Grundstück oder anderen Besitz hatte, verkaufte ihn und half mit dem Geld denen, die in Not waren. Täglich kamen sie im Tempel zusammen und brachen in den Häusern das Brot. In großer Freude und mit aufrichtigem Herzen trafen sie sich zu gemeinsamen Mahlzeiten. Sie lobten Gott und waren im ganzen Volk geachtet und anerkannt. Die Gemeinde wuchs mit jedem Tag, weil Gott viele Menschen hinzufügte.

Viele von den Zuhörern begannen durch die Predigt der Apostel an Jesus zu glauben, so dass nun etwa fünftausend Männer zur Gemeinde gehörten. Mit den Frauen und Kindern werden es wohl fünfzehn- bis zwanzigtausend gewesen sein. [Apg 1,5-4,4]

Was war da in so kurzer Zeit geschehen? Ostersonntag – das Grab war leer. Jesus, der Auferstandene – er war ein anderer, als ihn die Jünger in den letzten drei Jahren gekannt hatten. Man hatte ihn sogar mit dem Gärtner verwechselt.

Jesus predigte immer schon das Evangelium vom Reich Gottes, als er durch die Dörfer zog und alle Kranken heilte. Aber nach seiner Auferstehung brachte er das für die elf noch einmal auf den Punkt.

– Vierzig Tage, nichts als Reich-Gottes-Unterweisung. Da wäre ich gerne dabei gewesen.

Dann der eindringliche Hinweis: „Bleibt in Jerusalem zusammen, bis ihr den Heiligen Geist empfangt – die Kraft von oben." Es waren nur zehn Tage bis Pfingsten. Die hundertzwanzig waren täglich zusammen im Wartezimmer der ersten Etage dieses besagten Hauses.

Sie wurden erfüllt mit dem Heiligen Geist und danach war alles anders. Wartet bis ihr Kraft empfangt – und sie hatten diese Kraft empfangen.

Bis dahin, trotz der intensiven Gemeinschaft mit Jesus, sie erlebten die erstaunlichsten Heilungen und Dämonenbefreiungen, konnten sie das meiste nicht fassen. „So lange bin ich nun bei euch, und ihr versteht es immer noch nicht?" hatte Jesus gelegentlich frustriert festgestellt.

Nachdem sie nun mit dem Heiligen Geist erfüllt wurden, änderte sich schlagartig alles. – Von diesem Zeitpunkt an stand in jeder Dienstbeschreibung „Ein Mann oder eine Frau, voll des Heiligen Geistes."

Um den Tischservice in der Apostelkantine zu gewährleisten, suchte man sieben Männer – voll des Heiligen Geistes! [Apg 6,3] Hätte es nicht gereicht, wenn diese Leute nur saubere Hände gehabt hätten und wüssten, wie sie das Besteck und die Teller richtig aufdecken müssen und vielleicht zusätzlich bereit wären, zwischendurch mal einige Überstunden zu machen? Womit musste damals wohl ein Pastor ausgestattet gewesen sein, wenn die „Tischjungs" schon so einem hohen Standard entsprachen? So wie sich das liest, gab es hier keinen großen Spielraum – entweder voll des Heiligen Geistes oder gar nichts.

Es sind sogar alle sieben namentlich in der Apostelgeschichte genannt. Einer der „Tischjungs" hieß Stephanus, ein Mann voll des Glaubens und Heiligen Geistes. In seiner Freizeit tat er Wunder und große Zeichen unter dem Volk. Aber er war keiner von den großen Fernsehpredigern. Er war nur einer von den hundertzwanzig, die voll des Heiligen Geistes waren.

Doch dieser Niemand regte die religiöse Elite wieder mal ungeheuerlich auf. Sie merkten, da war etwas Gigantisches im Gange, das ihre alten Konzepte und frommen Gebräuche zerstören würde. Stephanus, der „Tischjunge", muss auch gepredigt haben, so dass die Grundfesten der religiösen Welt nur so ins Wanken gerieten. „Er hört nicht auf, Worte zu reden, die unseren Status quo beleidigen!" erregten sich die Theologen jener Zeit.

Die hundertzwanzig Männer und Frauen sollten warten, bis sie die Kraft von oben empfingen, bis sie mit dem Heiligen Geist erfüllt würden. Sie haben das getan – und danach wurde Mission möglich. In nur wenigen Tagen wurden zu den hundertzwanzig tausende Menschen hinzugetan, die glaubten, sich daraufhin taufen ließen und auch mit dem Heiligen Geist erfüllt wurden. Aus hundertzwanzig wurden in wenigen Wochen wahrscheinlich zwanzigtausend. Wer auf guten Grund sät, wird bis zu hundertfach Frucht bringen. Die „Wartezimmer-Crew" hat das sogar übertroffen.

Welchen Grund sollte es geben, dass das heute anders funktionieren könnte? Gibt es irgendeinen biblischen Hinweis, dass der Heilige Geist nur für die ersten zwei Monate ausgegossen wurde oder höchstens bis zum Konzil in Nicäa im Jahre 325? Oder gilt die Zusage noch: „Ich bin bei euch, bis an das Ende dieser Zeit?"

Es geht nicht ohne Sp(i)rit

Im Laufe der Kirchengeschichte hat es viele Versuche und Motive gegeben, Mission zu betreiben. Nur wenn bei den Beteiligten eine Erfüllung mit dem Heiligen Geist vorausgegangen war, hatte sich ein deutlicheres Ergebnis eingestellt. Man bezeichnet dies als Erweckung. Aber ist es richtig sich auf gut Glück, auf solche Sondersegnungszeiten vertrösten zu lassen?

Der Bericht von der Heilung des Gelähmten am Teich

Betesda ist dafür ein gutes Bild. In fünf Säulenhallen lag eine Menge kranker, blinder, lahmer, dürrer Christen aller möglichen Denominationen. Es war aber ein Mensch dort, der bereits achtunddreißig Jahre unter seiner Beschränkung litt. Als Jesus ihn so daliegen sah, wusste er, dass es schon lange Zeit so mit ihm stand. Er sprach ihn an und stellt eine scheinbar blöde Frage: „Willst du gesund werden?" Der Kranke antwortete: „Herr, ich habe keinen Menschen, der mich zur nächsten Erweckungsversammlung mitnimmt, oder mit mir nach Penascoca, Tornato oder Lakemad fliegt." Jesus sprach zu ihm: „Steh hier und jetzt auf, höre auf einfach so herumzuliegen und bewege dich!" Und sofort konnte sich der Mensch bewegen und ging umher. Das geschah aber in einer Form, die der kirchlichen Leiterschaft nicht gefiel. Darum verfolgten sie Jesus, weil er nicht so handelte, wie es in ihren Kirchenstatuten nachzulesen war. [Joh 5,2-10]

Seit Pfingsten gibt es keinen Grund für einen Christen, nicht voll des Heiligen Geistes zu sein. So viele Jesus Christus aufnahmen, denen gab er das Recht am ganzen Erbe! [Joh 1,12; Gal 4,7] „Jeder von euch lasse sich taufen auf den Namen Jesu Christi zur Vergebung eurer Sünden! Und ihr werdet die Gabe des Heiligen Geistes empfangen." [Apg 2,38]

„Und als sie gebetet hatten, bewegte sich die Stätte, wo sie versammelt waren; und sie wurden alle mit dem Heiligen Geist erfüllt und redeten das Wort Gottes mit Freimütigkeit." [Apg 4,31] Das war nur einige Tage nach Pfingsten. Sie wurden erneut mit dem Heiligen Geist erfüllt. Wahrscheinlich sind wir löchrige Gefäße und brauchen immer wieder weitere Erfüllungen mit dem Heiligen Geist. Es schadet also nicht, wenn du dich regelmäßig erfüllen lässt. Zu viel kann es auf keinen Fall sein. Du hast einen Sicherheitsüberlauf, dort würdest du einfach überfließen – und darum geht es ja eigentlich, wenn du liest: „Wer an mich glaubt, wie die Schrift gesagt hat, aus seinem Inneren werden Ströme lebendigen Wassers fließen. Dies aber sagte er von dem Geist, den die empfangen sollten, die an ihn glaubten; denn noch war der Geist nicht da, weil Jesus noch nicht zum Vater gegangen war." [Joh 7,38f] Wenn wir zu wenig haben, kann auch nichts überfließen. Wenn nichts überfließt, hast du auch nicht wirklich etwas, das sich zum Weitergeben lohnt. Du könntest nur etwas aus dir heraus produzieren. Sei bitte ehrlich: Fließt du über? – Das wäre es aber, was unser Herr für dich und mich vorgesehen hat.

„Was kein Auge gesehen und kein Ohr gehört hat und was kein menschliches Herz erfassen kann, was Gott denen bereitet hat, die ihn lieben. Uns aber hat Gott es offenbart durch den Heiligen Geist, denn der Geist erforscht alles, auch die Tiefen Gottes. Wir aber haben nicht den Geist der Welt empfangen, sondern den Geist, der aus Gott ist, damit wir die Dinge kennen, die uns von Gott geschenkt sind. Davon reden wir auch, nicht in Worten, gelehrt durch menschliche Weisheit, sondern in Worten, gelehrt durch den Heiligen Geist, indem wir Geistliches durch Geistliches deuten." [1 Kor 2,9-13]

Sind wir nicht voll des Geistes, dann müssen wir Mission mit anderen Ressourcen anpacken. Es bleibt uns nur die eigene Kraft. Das würde aber einen mickrigen Gott widerspiegeln. Oder wir machen eine professionelle Marktstudie: „Was wünscht sich ein kirchenferner Mensch von einer Kirche?" Wir werden dann erfahren, was Coca Cola und Persil schon längst herausgefunden haben. Wenn wir über Mission etwas wissen wollen, müssen wir schon den Erfinder konsultieren. Er hat uns genau dazu den Heiligen Geist versprochen, damit wir durch ihn erfahren, wie es wirklich geht. Er hat es ja auch bewiesen, dass er in dieser Sache etwas auf dem Kasten hat. Hundertzwanzig ließen sich total erfüllen und in Kürze sind tausende Menschen vom Reich der Finsternis ins Reich des Lichtes versetzt worden. Sie hatten damals kein Church-Management-Seminar besucht, auch mussten sie nicht stündlich einen Spendenaufruf durchführen, um die Kosten für die TV-Übertragung zu finanzieren. Sie waren einfach nur voll des Heiligen Geistes und somit mit der Kraft des Höchsten ausgestattet und „online" mit ihm – seinen Willen im Detail zu erkennen und sofort umzusetzen. Sie waren mit übernatürlicher Kraft ausgerüstet und konnten daher übernatürlich handeln. Dadurch waren sie auch in der Lage, einen Gott zu bezeugen, der hauptberuflich übernatürlich ist.

Hast du nicht auch Lust, zu diesen einfachen, aber extrem wirkungsvollen Grundlagen der Mission zurückzukehren?

Willst du wirklich Jesus nachfolgen – sprich in seine Fußstapfen treten? Für viele, die schon lange Christen sind, könnte diese Perspektive im Laufe der Jahre verkümmert oder verwässert worden sein. Man gewöhnt sich eben an alles und nimmt so manches einfach hin. Aber erinnere dich doch zurück an deine erste Zeit mit Jesus. War das nicht viel erfrischender und dynamischer?

Jesus hat gesagt: „Ich gehe zum Vater, daher sende ich dich!" Jetzt sitzt er zur Rechten des Vaters und du bis an seiner Stelle hier unterwegs. Damit du das auch so tun kannst, wie es Jesus getan hätte, hat er dir den Heiligen Geist gesandt. Er wird dich in die ganze Wahrheit führen. Du brauchst den Heiligen Geist auch, um die Werke zu tun, die Jesus getan hat, und noch größere! [Joh 14,12] Wenn du mir diese Aussage von Jesus nun anders erklären willst, weil dich dieser Anspruch überfordert, dann ist das nur der Hinweis, dass du auch den Heiligen Geist brauchst, um durch ihn mit der Bibel wirklich etwas Brauchbares anfangen zu können.

Du kannst ja auch keine DVD mit einem Kassettenabspielgerät zum Laufen bringen. Die Technologie der Aufnahme musst du auch beim Abspielen anwenden. Die Bibel wurde durch den Heiligen Geist aufgezeichnet, daher kann die Bibel auch nur mit dem Heiligen Geist verstanden werden. So einfach ist das. Dass es heute so viele verschiedene Denominationen gibt, die sich alle auf die Bibel beziehen, hängt genau damit zusammen, dass man eine DVD mit dem Kassettenrecorder abzuspielen probiert. So manche Theologie ist nur der fatale Versuch, den Unglauben einiger biblisch zu rechtfertigen. Das kann einfach nicht gut gehen.

Willst du wirklich Jesus nachfolgen? Dann musst du es genauso machen, wie er es getan hatte. Er hat nichts aus sich selbst heraus getan. „Ich tue nichts aus mir selbst, sondern wie der Vater mich gelehrt hat, das rede ich. Und der mich gesandt hat, ist mit mir (voll Heiligen Geistes); er hat mich nicht allein gelassen, weil ich allezeit das ihm Wohlgefällige tue.“ [Joh 8,28f]

Willst du, so wie Jesus, den Willen des Vaters tun? Dann solltest du diesen Willen für dich auch in allen Details zu jeder Zeit erkennen.

„Deshalb hören auch wir nicht auf, für dich zu beten, dass du durch den Heiligen Geist seinen Willen erkennst, damit du so leben kannst, dass der Herrn dadurch geehrt und verherrlicht wird, indem du Frucht bringst, und zulegst in allen möglichen guten Werken – und das alles in der Kraft nach der Macht seiner Herrlichkeit.“ [Kol 1,9-11]

Wenn du Jesus so nachfolgen willst, wie er sich das gedacht hat, brauchst du auch die Gabe, die er dazu vorgesehen hat. Du brauchst den Heiligen Geist, und zwar die volle Ladung.

Der Heilige Geist hat in Deutschland leider eine schwere Position. Es sieht so aus, als spiele man das Spiel „Wer fürchtet sich vor dem Heiligen Geist?“ und hat die Spielregeln dazu in einer „Berliner Erklärung“ aus dem Jahre 1909 zusammengefasst. Damals hat man das Kind mit dem Bade ausgeschüttet. Nur weil man gerade aus Mangel des Geistes nicht in der Lage war, die Geister zu unterscheiden, hatte man gleich alles nicht ganz „Vernünftige“ als einen „Geist von unten“ bezeichnet. Auch wäre es irgendwie „undeutsch“, die Kontrolle jemand anderem zu überlassen – eben dem Heiligen Geist. Das ist natürlich dumm und hat auch keine gute Verheißung: „Wer den Menschensohn beschimpft, dem kann vergeben werden. Wer aber den Heiligen Geist lästert, der wird niemals Vergebung finden.“ [Lk 12,10]

Ich möchte nicht in der Haut derer stecken, die heute immer noch die Berliner Erklärung aufrechthalten und sie sogar neu beleben.

„Und betrübt nicht den Heiligen Geist Gottes, mit dem ihr versiegelt worden seid auf den Tag der Erlösung hin!“ [Eph 4,30]

Bitte den Vater eindringlich um die volle Erfüllung im Heiligen Geist! Lass dich mit nichts Geringem abspeisen, lass dich auch nicht von schlauen Sprüchen moderner ungläubiger Schriftgelehrter beeindrucken. Jesus hatte schon damals mit der religiösen Elite seiner Zeit die größten Auseinandersetzungen. Sie waren es ja auch, die ihn ans Kreuz brachten. Die Natur des Menschen hat sich leider nicht geändert. In allen Kirchen und Denominationen findest du die stolzen Pharisäer, die in ihrer Rechtgläubigkeit Jesus heute wieder kreuzigen würden.

„Daher bitte, und es wird dir gegeben werden; suche, und du wirst finden; klopfe an, und es wird dir geöffnet werden! Denn jeder Bittende empfängt, und der Suchende findet, und dem Anklopfenden wird geöffnet werden. Welcher Vater würde seinem Sohn denn eine Schlange geben, wenn er ihn um einen Fisch bittet, oder einen Skorpion, wenn er ein Ei haben möchte? Wenn schon ihr hartherzigen Menschen euren Kindern Gutes gebt, wie viel mehr wird der Vater im Himmel denen den Heiligen Geist schenken, die ihn darum bitten.“ [Lk 11,9-13]

Wie ist Mission heute möglich?

Kannst du dir vorstellen, was sich bei Petrus abgespielt hat, als er zu Pfingsten der aufgebrachten Menschenmenge gegenüberstand und ihnen deutlich machte, was da gerade geschehen war? Kurz davor hatte er selbst keine Ahnung davon. Im „Wartezimmer" hatten sie keinen Arbeitskreis gebildet und organisatorische Aufgaben für ein bevorstehendes Pfingstevent verteilt. Sie haben nur gewartet. Plötzlich konnte Petrus sprechen:

„Hört her. Ich will euch erklären, was hier geschieht. Diese Männer sind nicht betrunken, wie einige von euch meinen. Nein, hier erfüllt sich, was Gott durch den Propheten Joel einige hundert Jahre vorher angekündigt hat."

Dieser Fischer Petrus, zu dem Jesus mal sagte: „Stell dich hinten an, Satan!", predigte nun kurz nach der Erfüllung mit dem Heiligen

Geist, so dass den Zuhörern diese Botschaft richtig unter die Haut ging. Tausende wollten wissen: „Was sollen wir jetzt tun?“

Ob sich Petrus zu diesem Zeitpunkt gerade erinnerte, wie Jesus drei Jahre zuvor zu ihm sagte: „Ich werde dich zum Menschenfischer machen“ und wie er sich damals überhaupt nicht ausmalen konnte, was das nun sein sollte?

Vielleicht kam ihm das Bild vor Augen, wie er eines Abends nach dem Tod von Jesus zum Zeitvertreib zum fischen wollte. Die anderen Jünger kamen auch mit und so fuhren sie mit dem Boot hinaus auf den See Tiberias. An diese Aktion konnte er sich wahrscheinlich gut erinnern. In jener Nacht fingen sie nämlich absolut nichts. Als der Morgen anbrach, stand Jesus am Ufer. Jedoch hatten sie das damals nicht sofort mitbekommen. Jesus rief ihnen zu: „Habt ihr etwas zu essen?“ Sie antworteten ihm: „Nein, wir haben nichts im Netz.“ Er aber sprach zu ihnen: „Werft das Netz auf der rechten Seite des Bootes aus! Und ihr werdet finden.“ Diesmal diskutierte der Fischerprofi Petrus nicht mit Jesus, wie vor drei Jahren. Es war, als wiederholte sich eine Szene, die er schon einmal erlebt hatte. Ein Déjà-vu.

Damals stieg Jesus in sein Boot, und bat ihn, ein wenig vom Land wegfahren, um die Volksmengen vom Boot aus zu lehren. Als er damit fertig war, forderte er ihn auf: „Fahre weiter hinaus und lasst eure Netze zu einem Fang hinab!“ Eben als Fischereiprofi klärte Petrus damals noch Jesus über die Fakten auf: „Meister, wir haben uns die ganze Nacht hindurch bemüht und nichts gefangen. Da geht nichts! Den Aufwand können wir uns sparen.“

Jesus hat sicher gelächelt und ihm ganz ruhig, aber bestimmt in die Augen gesehen. Da gab es vielleicht eine kurze Pause des Schweigens. Simon wird dem Blick nicht lange standgehalten haben. Dann gab er auf: „Aber auf dein Wort hin will ich die Netze hinablassen.“ Und als sie das getan hatten, umschlossen sie eine so große Menge Fische, dass ihre Netze rissen.

Vielleicht ist ihm erst zu dem Zeitpunkt aufgefallen, wie absurd die erneute Anweisung doch war: „Werft das Netz auf die rechte Seite!“ Wie weit ist wohl die rechte von der linken Seite eines Fischerbootes entfernt? Lass es drei Meter breit sein. Sollen in dieser kurzen Distanz plötzlich Fische sein, die auf der anderen vorher nicht waren?

Nachdem, was Petrus bisher erlebt hatte, warfen sie das Netz einfach ohne Widerrede aus und konnten es daraufhin wegen der Menge der Fische nicht mehr einziehen. Da flüsterte Johannes ihm zu: „Es ist der Herr!“ Als Simon Petrus nun auch mitbekam, dass es der Herr war, zog er sich schnell an, denn er war nackt – und warf sich in den See. Die anderen Jünger aber kamen in einem anderen Boot, denn sie waren nicht weit vom Land weg, und zogen das Netz mit den Fischen nach. Als sie nun ans Land stiegen, sahen sie ein Kohlenfeuer und Fische daraufliegen und Brot. Jesus sprach zu ihnen: „Bringt her von den Fischen, die ihr jetzt gefangen habt!“ Da ging Simon Petrus hinaus und zog das Netz voll großer Fische, es waren hundertdreiundfünfzig, an Land. Und obwohl es so viele waren, zerriss das Netz nicht.

Drei Jahre zuvor fiel er vor Jesus auf die Knie und sprach: „Geh von mir weg! Denn ich bin ein sündiger Mensch, Herr.“ Über den unvorstellbar großen Fischfang hatte damals alle Entsetzen erfasst. Jesus sprach zu Simon: „Fürchte dich nicht! Von nun an wirst du Menschen fischen.“ Und als sie die Boote ans Land gebracht hatten, verließen sie alles und folgten ihm nach. [Lk 5,1-11 und Joh 21, 1-14]

Es wird ihm sehr deutlich vor Augen gewesen sein, was damals geschah, als er die ersten Schritte in die Nachfolge Jesu tat. Er fiel vor Jesus auf seine Knie, weil er sich mit der Gegenwart Gottes konfrontiert wusste.

Jetzt , zu Pfingsten schallte es von allen Seiten: „Was sollen wir tun, Brüder?" Die Ankündigung von Jesus hatte sich eben erfüllt. Petrus ist zum tausendfachen Menschenfischer geworden. Seine erste Predigt zeigte unmittelbar Früchte. Die Netze rissen nicht.

Petrus wusste genau, was er jetzt zu antworten hatte: „Tut Buße!" „Werft euch auf die Knie!"

„Kehrt um zu Gott!", forderte er die Menschenmenge auf. „Jeder von euch soll sich auf den Namen Jesu Christi taufen lassen, damit euch Gott eure Sünden vergibt – und ihr alle den Heiligen Geist empfangt." [Apg 2,38] Damit befindest du dich auf dem aktuellen Stand der Heilsgeschichte.

Die Buße, die Umkehr, ist der Schlüssel. Ohne sie beginnt keine neues Leben in Christus – damals nicht und heute auch nicht. Wir müssen die Verlorenen zu dieser entscheidenden ersten Umkehr führen. Es geht um diese 180-Grad-Wende. Von einem Leben, das von Gott weggeführt hat, zu einem Leben in enger Gemeinschaft mit dem lebendigen Gott.

Auf dein Wort

Der Fischerprofi Petrus musste erkennen, dass er keine Ahnung hatte, wenn es um wirklich ergiebigen Fischfang ging. Er kannte sein Fischereigewerbe sicher gut, auch kannte er sich am See Genezareth bestens aus. Er kannte die richtigen Zeiten und die besten Plätze.

Aber dann sagte Jesus: „Werft die Netze aus“, an einem Ort, zu einer Zeit, wo normal sicher nichts ging.

„Auf dein Wort“. Petrus hatte damals, zum ersten Mal etwas verstanden, das wir uns heute auch gut einprägen sollten:

Unsere Erfahrungen sind es jedenfalls nicht, die zählen – schon gar nicht unsere schlechten! Welche Erfahrung hast du mit Fischfang? Was hat bei Euch Tradition? Habt Ihr schon Netze im Einsatz oder angelt Ihr noch? Oder haltet Ihr Fische ausschließlich im Aquarium?

Ich hatten es jedenfalls zu einer bestimmten Zeit satt, diese arbeitsaufwändigen Evangelisationen zu veranstalten, um dann fünf oder, wenn es besonders gut gelaufen ist, zehn Menschen zu sehen, die eine erste Entscheidung für Jesus getroffen hatten. Natürlich ist es gut, wenn ein Einzelner gerettet wird. Mit diesem Spruch haben wir auch bis dahin unsere schlechten Ergebnisse vor uns und vor anderen gerechtfertigt. Aber wenn wir schon geringen Erfolg haben, dann doch nicht mit so großem Aufwand. Da soll doch besser jemand zu dem Einzelnen hingehen und ihm direkt von Jesus erzählen.

Damals war ich in der Leitung einer Gemeinde in Österreich. Man sagte, hier sei ohnehin ein sehr harter Boden. Man könne also mit einem schlechten Ergebnis auch zufrieden sein. Wir waren aber nicht zufrieden. Wir haben uns an den Herrn der Ernte gewandt und ihn gefragt, wie Fischfang nach seiner Strategie durchgeführt werden sollte.

Die Antwort war verblüffend: „Tut Buße – kehrt um!" Diese Antwort hat sich an die Gemeindeleitung und in weiterer Folge an die ganze Gemeinde gerichtet.

In der ersten Phase haben wir überhaupt nicht begriffen, wie das unsere Frage beantworten sollte. Wir gingen jedenfalls auf diesen Impuls ein. Es eröffnete sich Raum zur Buße als erstes in der Leiterschaft und erfasste dann auch die ganze Gemeinde. Sehr persönliche Bereiche wurden davon betroffen und auch ganz grundsätzliche Haltungen unseres Glaubenslebens kamen ans Licht.

An dieser Stelle ist es wichtig zu erwähnen, dass die Aufforderung zur Buße nichts mit einer Anklage zu tun hat. Der unschöne Beigeschmack, der traditionell mit diesem altmodischen Wort einhergeht, will gerne in diese Schublade führen, um eigentliche Buße zu blockieren. Buße ist aber etwas wirklich Herrliches, weil es total befreiend wirkt. Ich vergleiche das gerne damit, wie wenn man sich zwei Packungen Fishermen friends auf einmal hineinzieht. Dann sind deine Atemwege total frei. Der Heilige Geist will dich zur Buße leiten, damit du in allen deinen Lebensbereichen total frei wirst. Wenn du deinem Gott von ganzem Herzen vertrauen kannst, dass er ein riesiges Repertoire an Geschenken für dich bereithält, dann lernst du, nichts mehr zurückhalten zu wollen. Du klammerst dich nicht mehr an Verhaltensmuster deines alten Lebens.

„Seht ihr denn nicht, dass gerade diese Güte Gottes euch zur Umkehr bewegen will?" [Röm 2,4]

Wir hatten uns etwa zwei Monate mit voller Aufmerksamkeit in diesen Prozess der Umkehr eingelassen. Das war eine total schöne

Zeit, nichts von Sack und Asche oder meilenweit unter dem Teppich kriechen. Am Ende konnten wir die Stadt mit diesem Geist der Umkehr segnen.

Bald darauf stand wieder eine Evangelisation an. Dafür hatten wir eigentlich um die bessere Strategie gebetet. Aber zu dem Zeitpunkt erschien es uns so, als hätten wir keine „Strategie" erhalten.

Die Bevölkerung wurde auf vielfältige Weise in einen größeren Saal in das Messezentrum der Stadt eingeladen. Unsere Absicht war es, das Evangelium zu verkünden und anschließend die Kranken zu heilen. So wie Jesus unsere Aufgabe in dieser Sache ja klar beschreibt:

„Geht hinaus und verkündet allen Menschen die rettende Botschaft. Die Glaubenden aber werde ich durch folgende Wunder bestätigen: In meinem Namen werden sie Dämonen austreiben und in unbekannten Sprachen reden. Kranken, denen sie die Hände auflegen, werden gesunden." [Mk 16,15-18]

Wir hatten alles so gemacht wie bisher. Ein Gebetsteam, das geübt im hörenden Gebet war, hatte gute Vorabarbeit geleistet. Die Werbung war auf die Zielgruppe ausgerichtet. Es sollten nicht unbedingt nur Insider zu einer Evangelisation kommen.

Dann ging es los. Die dreitägige Veranstaltungsreihe startete. Die Halle hatte sich gut gefüllt. Fünfzehn Minuten Verkündigung des Evangeliums. Dann eine einmalige klare Einladung, Jesus um die Vergebung der Sünden zu bitten, ihn als Herrn in sein Leben einzuladen. „Wer das von ganzem Herzen möchte, soll jetzt aufstehen." – Eine Pause von vielleicht drei Sekunden. Die Hälfte der Anwesenden steht auf.

Da bleibt dir für eine Weile die Luft weg! So etwas hatte ich selbst zuvor noch nicht erlebt. Es wurde niemandem angeboten:

„Komm zu Jesus, und du bekommst ein Freibier!“ Nein, es ging um Umkehr von Sünde. Mit einem Schlag war die Hälfte der Besucher aufgestanden. – Das sprengte alle unsere Möglichkeiten. Wir hatten nicht genug Material, auch keine anderen logistischen Details. Wir konnten diese vielen Menschen nur mit einem Gebet in die Hände unseres Gottes übergeben.

Anschließend luden wir alle Anwesenden zum Gebet für Heilung ein. Verschiedene Teams, die jeweils für spezielle Krankheiten Gebet anboten, verteilten sich im Saal. Es bildeten sich überall Schlangen. Einige Besucher wurden sofort geheilt und berichteten davon öffentlich.

Am nächsten Tag fand sich auf der auflagenstärksten Tageszeitung die Schlagzeile sogar auf der Titelseite. Es ging um eine Krebs-Heilung, die ärztlich bestätigt wurde. Der Redakteur stellte zwar fest, dass diese Veranstaltung etwas sonderbar gewesen sei, weil nicht katholisch, aber gegen das, was dort den Menschen widerführe, könne man nichts sagen.

Am zweiten Tag kamen noch mehr Menschen. Nach der kurzen Predigt wieder so ein knapper Aufruf. Auch diesmal standen fünfzig Prozent der Zuhörer mit einem Schlag auf. Wieder Heilungen um Heilungen. Wir beteten bis weit in die Morgenstunden.

Das Fernsehen berichtete über diese Veranstaltung. Interviewpartner gaben hauptsächlich Positives von ihren Erlebnissen im Zusammenhang mit dieser Evangelisation wider.

Am dritten Abend kam die Kapazität der Halle deutlich an ihre Grenzen. Jeden Tag waren es mehr, die das Evangelium hörten und Heilung suchten. Auch an diesem letzten Abend stand wieder die Hälfte der Anwesenden auf, als der Aufruf erging. An den drei Tagen waren es insgesamt an die siebenhundert Menschen, die Jesus um die Vergebung ihrer Sünden baten und ausdrückten, dass sie nun ein Leben mit ihm führen wollten. Wir hatten keine Möglichkeit, das zu koordinieren. Wir hatten keine andere Wahl, als es dem Herrn der Ernte zu überlassen, was mit diesen Menschen geschehen würde. Wir konnten Sie nicht wie Trophäen auf Regale in unserer Gemeinde stellen.

Nachdem sich alle Aufregung und aller Stress gelegt hatten – diese Tage waren natürlich anstrengend – konnten wir das eben Erlebte das erste Mal analysieren.

Was war da geschehen? Bisher hatten wir bei solchen Veranstaltungen zehn bis zwanzig Menschen für Jesus gewinnen können. Jetzt waren es plötzlich so viele. Wir hatten Gott gebeten, uns seine Strategie zu zeigen, wie Evangelisation in seinem Sinne funktionieren würde.

Langsam dämmerte es: Die Buße war der Schlüssel.

Diese zwei Monate, in denen uns der Heilige Geist detailliert in die Buße geführt hatte, waren wohl die entscheidende Vorbereitung für diesen Erfolg.

Heute, viele Jahre später, weiß ich es ganz sicher: Die Buße ist der Schlüssel für den Erfolg jeder Evangelisation. Nur wenn Christen, die evangelistisch tätig sein wollen, in Buße leben, können sie Verlorenen zur ersten Umkehr dienen. Findet Buße/Umkehr nicht den entsprechenden Raum in einer Kirche oder Bewegung, dann werden die Resultate von evangelistischen Aktivitäten so schwach wie bisher bleiben. Leider ist die Attraktivität von Buße landauf landab bisher kaum erkannt.

Der zentrale Satz dieses Buches lautet: Nur wer selbst in Buße lebt, kann Verlorenen zu ihrer ersten Umkehr nützlich sein.

Etliche von den vielen Menschen, die damals Jesus als ihren Erlöser kennengelernt haben, sind heute selbst wirkungsvolle Zeugen unseres Herrn. Manche haben leitende Aufgaben im Reich Gottes und konnten selbst vielen Menschen helfen, mit Jesus in Kontakt zu kommen. Die Gemeinde ist weiter in ihrer speziellen Berufung vorangegangen und hat viele Gemeinden im südöstlichen Europa gegründet.

Der Umkehr-Effekt

Tue Buße, das Reich Gottes ist dir so nahe!

Willst du den wichtigsten Schüssel für Mission anwenden? Dann lässt es sich nicht vermeiden, dass du dich persönlich mit Buße/ Umkehr eingehender beschäftigst.

Für einen verlorenen Menschen ist diese Umkehr eine 180 Grad Wendung – sie sollte es zumindest sein. Für dich als vielleicht langjährigen Christen, ist es möglicherweise „nur" eine kleine Richtungskorrektur von zehn Grad oder es reichen auch bloß drei Grad. Aber bedenke: Knapp daneben ist auch daneben. Wenn du das Ziel nur um drei Grad verfehlst, kommst du auch nicht an. Du kennst diese andere Bezeichnung für Zielverfehlung: Sünde. Auf längere Distanz reichen auch weniger als ein Grad, um ganz schön daneben zu liegen. Es ist also recht sinnvoll, ständig Richtungskorrekturen vorzunehmen. Es gibt zu viele Gelegenheiten, Kompromisse einzugehen.

„Pass dich nicht dem Zeitgeist dieser Welt an, sondern werde verändert durch die Erneuerung (Update) deines Denkens, deiner Sinne, indem du dich von Gott völlig neu ausrichten lässt. Nur dann kannst du beurteilen, was Gottes Wille ist, was gut und vollkommen ist und was ihm gefällt.“ [Röm 12,2]

Es geht immer wieder darum, seinen Willen zu erkennen und dann mit seinem Willen übereinzustimmen. Wie Jesus, der nur den Willen seines Vaters getan hat.

Auch du warst ein Kind des griechisch-humanistischen Denkmusters. Ohne dass du darum gebeten hast, bist du von der Muttermilch an damit gefüttert worden. Wir merken das natürlich kaum, weil es uns allgegenwärtig schleichend umgibt und systematisch unser Denken beeinflusst hat.

Vor längerer Zeit hat der Heilige Geist mir ein erschreckend deutliches Bild gezeigt: Die Kirche Europas ist mit dem Humanismus ins Bett gestiegen. Sie haben ein Kind gezeugt und dadurch einen Krüppel geboren. Was dabei hervorkam, war nicht bewegungsfähig und musste künstlich ernährt werden.

Diese Bild erscheint dir vielleicht zu krass. Aber bedenke, was der zentrale Kern des Humanismus ist. Er hat den Menschen zum Maß aller Dinge gemacht. Die Vernunft entscheidet, was wie beurteilt werden soll. Lies die Bibel mit dieser Haltung und du entscheidest, was wie zu verstehen ist. Der Mensch befindet über Gott und erklärt, wie man Gott zu verstehen hat. Merkst du, in welche Falle das führt? So entsteht Theologie: Wir nehmen Gott das Übernatürliche und begrenzen ihn mit den Konzepten unserer Möglichkeiten. Wir entwickeln „biblische“ Argumente, die unseren Unglauben rechtfertigen. Wir erklären, dass die Bibel nicht so verstanden werden kann, wie sie zu lesen ist. Würden wir es so nehmen wie es da steht, dann müssten wir uns verändern. Wir müssten etwas als Sünde bezeichnen, was für unsere Gesellschaft schon längst keine mehr ist.

„Ich bin natürlich auch nur ein Mensch, aber ich kämpfe nicht mit menschlichen Mitteln. Ich setze nicht die Strategien dieser Welt ein, sondern die von Gott. Sie sind mächtig genug, jede Festung zu zerstören, jedes menschliche Gedankengebäude niederzureißen, alles zu vernichten, was sich stolz gegen Gott und seine Wahrheit erhebt. Alles menschliche Denken nehmen wir gefangen und unterstellen es Christus, weil wir ihm gehorchen wollen.“ [2 Kor 10,3-5]

Eine Episode mit einer internationalen Kirchen-Gemeinde verdeutlichte mir dieses Dilemma noch etwas besser:. Ein Mitarbeiter dieser Gemeinde hatte auf einer Konferenz bei mir Bibeln bestellt. Damit war verbunden, dass bei dieser Sonderauflage die Kontaktdaten der Kirche mit eingedruckt würden. Eine Woche später erhielt ich einen Anruf aus dem Büro dieser Kirche, wo man mir mitteilte, dass diese Person nicht berechtigt gewesen wäre, den Auftrag zu erteilen. Er wurde storniert. Ich dachte mir nichts besonders dabei und strich den Auftrag. Monate später traf ich den Mitarbeiter wieder. Er sprach mich an und wollte wissen, wie das damals mit seinem Auftrag gelaufen sei. Ich berichtete es ihm. Er reagierte leicht entsetzt: „Mein Pastor lügt!“ war sein Resümee. Er erklärte mir die Absicht seines schwarz-afrikanischen Pastors: „Wenn er die Bestellung aufgibt, kommen die Kontaktadressen in die Bibel. Wenn er dann den Auftrag storniert, braucht er nichts dafür bezahlen. Der Eindruck wäre aber trotzdem enthalten.“

In der Kultur vieler Afrikaner ist Lüge ein fixer Bestandteil des Lebensstils. Wenn man dadurch einen Vorteil erzielen kann, ist Lügen nichts Verwerfliches. Das bekommt ein Schwarz-Afrikaner auch bereits mit der Muttermilch eingeflößt. Es wurde auf diese Weise fester Bestandteil seines Denkens und Handelns. – Da fiel es mir wie Schuppen von den Augen. Genauso läuft es mit allem, das ich von der Wiege an, über Kindergarten, die Schule und die Medien in mein Denken eingepflanzt bekommen habe – das humanistische Denkmodell – und ich merke es nicht einmal. Wenn ich nicht meine Denkmuster erneuert bekomme, bin ich für das Reich Gottes bewegungsunfähig, im weiteren Sinne nutzlos.

Unsere Denkfähigkeit ist eine subtile Angelegenheit, die nicht so objektiv funktioniert, wie wir das gerne hätten. Da gibt es spezielle Abkürzungsroutinen, die uns leicht in vorgefertigten Bahnen halten. Hier ein blödes Beispiel, das diese Zusammenhänge gut aufdeckt: „Eine Katze hat vier Beine. Der Mensch kann auch auf allen Vieren laufen. Daher ist er eine Katze“. – „Jesus heilte alle Krankheiten, aber warum sind so viele Christen krank? Daher gibt es heute wohl keine Heilung mehr.“ Schnell setzen sich solche absurden Gedankenkurzschlüsse fest und werden vielleicht sogar subtil zu einem Lehrsatz.

Wir haben kein Problem, dass Jesus Christus alle unsere Sünden an das Kreuz getragen hat. Wir akzeptieren es als ein vollkommenes Opfer, zu dem nichts mehr hinzugefügt werden muss. Trotzdem sündigen auch Christen immer wieder. Niemand käme auf die Idee, dass deshalb das Werk von Jesus mangelhaft wäre.

„Der da vergibt alle deine Sünde, der da heilt alle deine Krankheiten“ [Psalm 103,3]

„Jedoch unsere Krankheiten – er hat sie getragen, und unsere Schmerzen – er hat sie auf sich geladen. Wir aber, wir hielten ihn für bestraft, von Gott geschlagen und niedergebeugt. Doch er war durchbohrt um unserer Vergehen willen, zerschlagen um unserer Sünden willen. Die Strafe lag auf ihm zu unserem Frieden, und durch seine Striemen ist uns Heilung geworden.“ [Jes 53,4-5]

Verstehst du, warum du in deinem Denken erneuert werden musst? Es ist ein „unmenschlicher" Kampf, den du nur mit Gottes Mitteln gewinnen wirst – nicht mit deinem Intellekt. Lass dich nicht länger in diesen Mauern vernünftiger Unwahrheiten gefangen halten. Erlaube diese wichtigen Richtungskorrekturen! Bitte um diese Haltung, die Buße non stop möglich macht. Bitte um den Raum zur Buße.

Bedenke: Du bist in guter Gesellschaft. Alle haben sich von diesen Gedankengebäuden einmauern lassen. Du bist nicht schlechter, du brauchst dich deswegen auch nicht schuldig zu fühlen. Nur wenn du den Raum zur Buße nicht suchst, dann lässt du dich der Freiheit berauben, zu der du eigentlich berufen bist – und das wäre wirklich dumm.

Egal, wie lange du Christ bist, und welches Amt du bekleidest. Tue Buße – kehre um! Das Reich Gottes ist so nah! Nur mittels Buße kommst du jetzt und hier hinein. Das Reich Gottes ist dort, wo der Wille des Vaters geschieht! Andernfalls liegst du daneben. Ein Grad daneben ist auch am Ziel vorbei. Das vollkommene Werk von Jesus hat vorgesehen, dass du total ins Schwarze triffst.

Wenn du eine Leitungsfunktion in deiner Kirche innehast, dann ist diese Richtungskorrektur umso wichtiger. Stell dir vor: Alle, die du leitest, liegen gleich daneben wie du. Wenn es auch nur ein Grad sein mag. Aber daneben ist daneben und ohne es zu wollen wirst du zum Verführer. Das ist kein Spaß. Suche von ganzem Herzen den Raum zur Buße. Wenn du ehrlich betest: „Dein Reich komme", dann braucht es diese Buße. Denn das Reich Gottes kann nur dort sein, wo Übereinstimmung mit dem Willen des Vaters besteht.

Die Sendschreiben in den ersten Kapiteln der Offenbarung des Johannes richten sich an sieben Gemeinden. Darin könnte man einen kirchengeschichtlichen Ablauf sehen. Es könnte sich aber auch auf die Verschiedenheit der unterschiedlichen Strömungen und Denominationen beziehen. Darauf wollen wir hier aber nicht eingehen. Der Geist Gottes hat an jeder dieser Kirchen einiges massiv zu reklamieren. Nur Philadelphia schneidet einigermaßen gut ab. Bei jeder anderen endet der Brief mit „Tu nun Buße!" und bei Laodizea, die unübersehbar deutlich die Kirche unserer Tage widerspiegelt, heißt es sogar: „Sei nun eifrig und tu Buße!" Wir müssen uns für die Buße öffnen, damit wir anschließend auch noch dem Aufruf zum Überwinden folgen können.

Das setzt voraus, dass wir sehr persönlich erkennen, wofür wir Buße tun sollten, wo eine Richtungskorrektur, auch wenn es sich nur um wenige Grad handelt, notwendig ist. Wenn dir der Status quo des lauen und fruchtlosen Christentums in unserem Land reicht, dann wäre für dich hier der Punkt, an dem du dieses Buch schließen kannst.

Wenn dir das aber nicht reicht, und du alle Verheißungen auch für dich, deine Gemeinde und deine Stadt in Anspruch nehmen möchtest, dann kommt jetzt für dich der wirklich interessante Teil dieses Buches.

Vergiss aber nicht: Es geht um keine Schuldzuweisung und um keine Anklage. Der Ankläger, der Teufel, ist entmachtet, ihm brauchst du nicht besondere Beachtung schenken.

Die vielen Verheißungen und Zusagen Gottes, die du bisher nicht in Anspruch genommen hast, die sollen dich motivieren, die Richtungskorrektur vorzunehmen, um genau auf diese Zusagen ausgerichtet zu werden. Die Güte Gottes motiviert zur Umkehr! [Röm 2,4]

Wenn du deinen Mangel erkennst, dann kann das durchaus einen Dämpfer auslösen – vielleicht erlebst du einen Anflug von Depression. „Denn die von Gott bewirkte Traurigkeit führt zur Umkehr und bringt Rettung. Und wer sollte das jemals bereuen! Nur die Traurigkeit, die nicht zur Umkehr führt, bewirkt den Tod.“ [2 Kor 7,10] Es ist gut, wenn du dir jeden Mangel eingestehst und dem lauen und fruchtlosen Zustand des Leibes Christi nichts Schönes mehr abringen kannst. Das macht dich ganz sicher nicht zum Looser.

„Wenn es dir an etwas mangelt, so bitte Gott darum, und Gott wird es dir geben. Du weißt doch, dass er niemandem seinen Mangel vorwirft und dass er jeden reich beschenkt, damit du in jeder Beziehung zu einem reifen Christen wirst und in nichts Mangel hast.“ [Jak 1,5+4]

Gib dem Heiligen Geist die Möglichkeit, dich in diese wohltuende und befreiende Buße zu führen. Genieße diese Zeit so lange, bis die Früchte der Buße zu ernten sind. [Lk 3,8]

Tipps zur Kurskorrektur

Kehre um von deinem Unglauben

Der Unglaube ist wohl eines der größeren Hindernisse für Mission in Europa. Viel zu viele Misserfolge haben dazu geführt, dass sich Resignation ausbreiten konnte.

Wir hatten im Jahr 2009 eine so mutmachende Jahreslosung: „Was bei den Menschen unmöglich ist, das ist bei Gott möglich." [Lk 18, 27] Aber wer hat das schon geglaubt? Ich habe nichts von größeren Glaubensdurchbrüchen feststellen können. Man hat wieder einmal mehr – Gott einfach Gott sein lassen – und zu wenig mit seiner Verheißung angefangen.

Dabei braucht es nicht unbedingt einen großen Glauben, um etwas zu bewegen. Es genügt der Glaube in der Größe eines Senfkorns und du kannst zu dem Berg sagen: „Hebe dich weg von hier dorthin!, und er wird sich hinwegheben. Und nichts wird dir unmöglich sein." [Mt 17,20f] Die Frage ist nur: Vertrauen wir unserem Gott, dass er auch hält, was er verspricht? Wie groß ist eigentlich dein Gott?

Unglaube hat sich inzwischen in vielen Bereichen des kirchlichen Lebens ausgebreitet. Es gibt viele „vernünftige" Versuche, seinen Unglauben sogar mit Bibelstellen belegt zu rechtfertigen: „Warum einige Verheißungen heute nicht mehr so wörtlich zu nehmen seien, und dass man die Bibel ohnedies eher bildlich verstehen muss." Aber wenn Jesus Christus gestern, heute und in Ewigkeit tatsächlich derselbe ist, dann können mich diese „vernünftigen" Ausreden nicht beeindrucken. [Hebr 13,8]

Jesus selbst hat einen großen Glaubensverlust erahnt. „Werde ich den Glauben finden, wenn ich wiederkomme?" [Lk 18,8] Aber auch der Heilige Geist weist ausdrücklich darauf hin, dass in fortgeschrittener Zeit manche vom Glauben abfallen werden, indem sie auf verführerische Lehren hereinfallen. [1 Tim 4,1] Es sieht also so aus, als sei das schon alles voll im Gang und nahezu festgelegt. Die Frage ist nur, willst du bei diesem Dilemma mitmachen?

„Achte deshalb darauf, dass du dich nicht ebenso durch Widerspenstigkeit zum Unglauben verleiten lässt und dich – wie deine Vorfahren – vom lebendigen Gott abwendest." [Hebr 3,12]

Du bist vielleicht sehr beschäftigt in deiner Gemeinde – eine der Säulen, die alles am Laufen hält. Wenn du in der Leitung bist, dann hast du sicher viel auf deinen Schultern. Und doch gilt: Alles, was du nicht aus Glauben tust, ist Sünde. [Röm 14,23] Das ist keine gute Nachricht, ich weiß. Vieles, was heute als gut gemeinte kirchliche Aktivität durchgeführt wird, wird ohne Glauben zur Sünde. Etliche wählen den Umkehrschluss: „Mach ich nichts, dann mach ich auch nichts falsch", und fallen so in totale Passivität.

Es geht um den kindlichen Glauben, der dem vertraut, was der Papa sagt.

„Ohne Glauben ist es außerdem unmöglich, Gott zu gefallen, denn wenn du dich Gott nahen willst, musst du glauben, dass er ist und dich, wenn du ihn suchst, so richtig belohnen wird." [Hebr. 11,6]

Ohne Glauben fängst du auch mit dem Wort Gottes nichts an. Es wäre nur ein umfangreicher Buchstabensalat. „...aber das gehörte Wort nützte jenen nichts, weil sie es nicht mit dem Glauben verbanden." [Hebr. 4,2]

Bei einem Zweikomponentenkleber musst du beide Teile gut verbinden und umrühren. Erst dann erzielst du die gewünschte Wirkung. Wort mit Glauben zusammen umrühren, dann passt´s.

Aber bitte keinen Stress aufkommen lassen. Der Glaube ist ein Geschenk, das du am Start deines Glaubenslebens mitbekommen hast.

„Bleibt uns denn nichts, womit wir uns vor Gott (und vor Menschen) rühmen können? – Nein, rein gar nichts! Woher wissen wir das? Etwa durch das Gesetz, das unsere eigene Leistung verlangt? Nein! Nur durch den Glauben, der uns geschenkt ist." [Röm 3,27] „Dieser kostbare Glaube wurde uns geschenkt, weil wir durch Jesus Christus, unseren Retter, von Gott angenommen sind." [2 Petr 1,1] „Jesus hat uns den Glauben geschenkt und wird ihn bewahren, bis wir am Ziel sind." [Hebr 12,2]

Gibt es also irgendeine berechtigte Ausrede für Unglauben? Packe deine Geschenke aus und gebrauche sie.

Jesus hat immer wieder gesagt: „Es geschehe nach deinem Glauben!" Umgekehrt funktioniert das auch – es geschieht auch nach deinem Unglauben. Da geschieht eben nichts – außer Ängste und Sorgen, die das Gegenteil von Glauben sind.

Diese Geschenke des Glaubens sind mit den Talenten zu vergleichen. Du erinnerst dich an die Geschichte. Der eine bekam fünf, der andere zwei und ein weiterer ein Talent. Der Dritte hatte Angst und vergrub es. Die anderen haben mit ihren Talenten gehandelt. Genauso geht es mit deinem Glauben. Wenn du ihn anwendest, wird mehr daraus. Wenn du ihn aber vergräbst, wird dir auch noch das genommen, was du zu besitzen meinst. [Mt 25,15-28]

Die Jünger konnten eine Person nicht heilen (von Dämonen befreien). Jesus reagierte total sauer: „Ihr ungläubige, verkehrte Generation – wie lange muss ich euch noch ertragen?“ [Mt 17,16-20] Warum konnten sie nicht heilen? Wegen ihres Unglaubens. Schon der Senfkornglaube würde reichen: „Nichts wird euch unmöglich sein!“ Ich weiß nicht welche Bibel-Übersetzung du bevorzugst, aber schau mal nach, was bei dir am Ende von Vers 20 steht. Steht dort auch das Wort „nichts“ und „unmöglich“?

Da ist die Reaktion von dem Vater des besessenen Jungen ein anregendes Beispiel: „Hilf uns, wenn du kannst!“ „Wenn ich kann?“, fragte Jesus zurück. „Alles ist möglich, wenn du mir vertraust.“ Verzweifelt rief der Mann: „Ich vertraue dir ja – und auch wieder nicht. Hilf mir doch gegen meinen Unglauben!“ [Mk 9,24] Das könntest du auch zu deinem Gebet machen. Fordere deinen Gott heraus und ruf zu ihm: „Hilf mir, wenn du kannst!“ Lass dir helfen! Yes, he can!

Kehre um von deinen Schuldgefühlen

Jesus hat unsere Schuld ans Kreuz genagelt.

„Gott hat den Schuldschein, der uns mit seinen Forderungen so schwer belastete, eingelöst und auf ewig vernichtet, indem er ihn ans Kreuz nagelte.“ [Kol 2,14]

Ich treffe so viele Christen, die eher bedrückt wirken und nicht einen erlösten Ausdruck widerspiegeln – so als hätte Jesus am Kreuz nur halbe Sache gemacht. So manches Lobpreislied in manchen Gottesdiensten hört sich eher wie eine Beerdigungszeremonie an.

Natürlich ist der Ankläger aktiv und weiß ganz genau, wie er dir, durchaus berechtigt, Schuld auferlegen kann. Wir haben alle unsere blinden Flecken mit alten Schwächen. Das ändert aber trotzdem nichts an der Rechtsgültigkeit des vollkommenen Werks Jesu am Kreuz. Er hat deine vergangene, deine gegenwärtige und deine zukünftige Schuld, die du erst noch begehen musst – er hat alle deine Schuld ans Kreuz gebracht. In unserer Leistungsgesellschaft bekommst du für jeden erneuten Fehler wieder eines auf den Deckel. Dieselbe Reaktion von unserem Gott anzunehmen wäre ein grober Fehler. Überlege einfach mal: Wie viel Schuld hattest du bis zu dem Zeitpunkt erzeugen können, als Jesus am Kreuz für dich starb? Keine – richtig. Du hast damals ja noch nicht gelebt. Trotzdem hat er schon damals deine Schuld ans Kreuz getragen, die du erst über 2000 Jahre später auf dich laden würdest.

„Obwohl wir wegen unserer Sünden in Gottes Augen tot waren, hat er uns mit Christus lebendig gemacht – denn durch Gnade seid ihr gerettet! Er hat uns mitauferweckt und mitversetzt in die Himmelswelt mit Christus Jesus, damit er in der kommenden Zeit den überragenden Reichtum seiner Gnade an uns sichtbar machen kann, in Christus Jesus. Denn aus Gnade seid ihr gerettet durch Glauben, und das nicht aus euch, Gottes Geschenk ist es; nicht aus Werken, damit sich niemand rühmen kann.“ [Eph 2,4-9]

Das Werk Jesu übersteigt deutlich das Fassungsvermögen unseres Verstandes. Das nennt man Gnade. Gott hat etwas für uns getan und hat uns dadurch für sich annehmbar gemacht. Das ist der Grund, warum du zu jeder Zeit zu Gott Zutritt hast. Du bist sein Sohn, seine Tochter! „Er hat die losgekauft, die unter dem Gesetz waren, damit wir die Sohnschaft empfingen.“ [Gal 4,5]

Hast du einen Sohn? Wenn er etwas falsch macht, würdest du ihm seine Sohnschaft aberkennen? Würdest du aufhören, ihn zu lieben? Wenn du das schon nicht über dein Herz bringst, wie viel weniger unser Vater im Himmel? Er hat dir bereits alle zukünftige Schuld vergeben! Gerade aus diesem Grund stellt Paulus die Frage: „Was nun, sollen wir einfach so drauf los sündigen, weil wir nicht unter Gesetz, sondern unter Gnade sind? – Auf keinen Fall!“ [Röm 6,1f]

Wenn du überwältigt wirst von der Unfassbarkeit dieser Gnade, dann wirst du einfach nicht mehr sündigen.

„Leben wir aber im Licht, so wie Gott im Licht ist, dann haben wir Gemeinschaft miteinander. Und das Blut, das Jesus Christus für uns vergossen hat, befreit uns von aller Schuld. Wenn wir aber behaupten, sündlos zu sein, betrügen wir uns nur selbst. Wenn wir aber unsere Sünden bekennen, dann erfüllt Gott seine Zusage treu und gerecht: Er wird unsere Sünden vergeben und uns von allem Bösen reinigen.“ [1 Joh 1,7-9]

Für einen Christen gibt es keinen legalen Grund für Schuldgefühle. Betrachte, was Jesus dafür für dich getan hat. Zeig den Schuldgefühlen die rote Karte, rot wie das Blut von Jesus! Studiere, was das Wort Gottes dir über Gnade mitteilt. „Die Gnade sei mit euch allen!“ so endet so ziemlich jeder Brief im Neuen Testament.

„Denn aus seiner Fülle haben wir alle empfangen, und zwar Gnade um Gnade. Denn das Gesetz wurde durch Mose gegeben; die Gnade und die Wahrheit ist durch Jesus Christus geworden. [Joh 1,16f]

Die Gnade macht den elementaren Unterschied zur Religion. Religion fordert Leistung und kann nie Gewissheit vermitteln das Ziel erreicht zu haben. Das bringt Menschen in Abhängigkeit, unter Druck und unter unschöne Zwänge. Viele Zweige des Christentums sind auch zur Religion verkommen. Religion lebt von Schuldgefühlen und macht sich zum Handlanger des Chefanklägers - Satan. Lass dir das nie mehr gefallen.

„Achte darauf, dass du nicht an der Gnade Gottes zu kurz kommst, damit sich nicht irgendeine Wurzel der Bitterkeit ausbreiten kann und dir zur Last wird und dich und viele um dich herum verunreinigen würde.“ [Hebr 12,15]

Gehe mit deinen Fehlern offen und ehrlich um. Es ist erlaubt, Fehler zu machen, denn nur so wirst du lernen und wachsen. Auch bei geistlichen Aufgaben sind Fehler erlaubt. Wer dir keine Fehler zugesteht, ist ein Heuchler – einer von den Typen, mit denen Jesus die heißesten Auseinandersetzungen hatte. Er nannte sie „Schlangen und Otternbrut".

Solange wir hier auf Erden agieren, werden wir Fehler machen – das ist aber kein Grund für Schuldgefühle.

Der Gerechte fällt siebenmal am Tag. [Spr 24,16] Überlege dir: Du kannst am Tag nur siebenmal fallen, wenn du zumindest sechsmal zuvor aufgestanden bist. Lass dich von Schuldgefühlen nicht k.o. schlagen. Kehr um – was so viel bedeutet wie aufzustehen.

Kehre um von Minderwertigkeitskomplex

Hast du dich auch schon mal gefragt, warum Christen meist mit so geringem Selbstbewusstsein auftreten? Wie schwer ist es doch für so manchen, bei verschiedenen Gelegenheiten kühn aufzustehen und in laut hörbarer Stimme zu verkünden: „Ich glaube an Jesus Christus, der am Kreuz für die Sünden der Menschen gestorben ist und bin in dieser Angelegenheit anderer Meinung – wir sollten für dieses Problem eine andere, bessere Lösung ins Auge fassen. Das ist nichts Rechtes, ich schlage einen sauberen Weg vor..."

Muslime treten in Deutschland deutlich selbstbewusster auf und fordern die Beachtung der für sie wichtigen Werte auch von staatlicher Seite ein.

Medien sprechen von einem Identitätsverlust der abendländischen Kultur. Findest du das in Ordnung, dass die Werteprägung Europas so gestaltet werden soll, wie es gerade geschieht? Vor kurzem sorgte es für Aufregung, dass ein sechzehnjähriger muslimischer Gymnasiast auf dem Gerichtswege einen Gebetsraum in seiner Schule durchgesetzt hatte. Ich sage: „Alle Achtung, wir können von diesem selbstbewussten Schüler eine Menge lernen.“ Erlaube mir die peinliche Frage: Wie viele besuchen ein Gebetstreffen in ihrer christlichen Kirche – wenn es überhaupt noch so ein Treffen gibt? Soweit es mir bekannt ist, sind das meistens die am schlechtesten besuchten Veranstaltungen.

Minderwertigkeit und Mission? Das passt nicht gut zusammen. Du kannst auch Menschenfurcht dafür einsetzen, sie gehört auch in diese Kategorie.

Es ist schon erstaunlich: Wir haben Jesus Christus als Herrn und Freund, dem alle Macht gehört über Himmel und Erde, und bei der kleinsten Herausforderung verstecken wir uns hinter unseren Kirchenmauern. Wahrscheinlich kennen wir unseren Herrn und Freund nicht wirklich. Um mit unserer Minderwertigkeit fertig zu werden, müssen wir wirklich wissen, wer wir sind, wenn wir Christen sind. Ich meine natürlich nicht die „Karteileichen“, die die Statistik füttern und Deutschland so erscheinen lassen, als wäre es noch ein christliches Land.

Ich meine die, von denen es heißt: „Gehört jemand zu Christus, dann ist er eine neue Schöpfung. Was vorher war, ist vergangen, etwas total Neues hat begonnen.“ [2 Kor 5,17]

„Gott aber sei Dank, der uns allezeit in Christus eingehüllt im Triumphzug umherführt. Wohin wir auch kommen, verbreitet sich dadurch die Erkenntnis Gottes wie ein angenehmer Duft, dem sich niemand entziehen kann.“ [2 Kor 2,14]

In Christus zu sein, kannst du dir so vorstellen, wie wenn du in einem Tiefseetaucheranzug steckst. Der hält jeden Druck aus und wenn dich an der Außenseite etwas pieksen will, dann juckt dich das überhaupt nicht.

Du musst wissen, wer du in Christus bist, sonst kann jeder kommen und dir irgendeinen „Schmarren“ erzählen und du fällst am Ende noch darauf herein.

„Der Gott unseres Herrn Jesus Christus, der Vater der Herrlichkeit, gebe dir den Geist der Weisheit und Offenbarung, damit du ihn erkennen kannst – und wer du in ihm bist. Er erleuchte die Augen deines Herzens, damit du weißt, was die Hoffnung deiner Berufung, was der Reichtum der Herrlichkeit seines Erbes in dir, einem Heiligen, und was die überragende Größe seiner Kraft an dir, dem Glaubenden, ist, nach der Wirksamkeit der Macht seiner Stärke. Genau diese Kraft hat er in Christus wirksam werden lassen, als er ihn aus den Toten auferweckt und zu seiner Rechten in der Himmelswelt gesetzt hat, hoch über jede Gewalt und Macht und Kraft und Herrschaft und jeden Namen, der nicht nur in diesem Zeitalter, sondern auch in dem zukünftigen genannt werden wird. Und alles hat er seinen Füßen unterworfen und ihn als Haupt über alles der Gemeinde gegeben, die sein Leib ist, die Fülle dessen, der alles in allen erfüllt.“
[Eph 1,17-23]

Lass ihn die Augen deines Herzens öffnen! Nur so kannst du von jedem Minderwertigkeitskomplex und jeder Menschenfurcht umkehren. Du kannst das eine nicht lassen, wenn es nicht durch etwas anderes ausgefüllt werden kann. Der Geist der Weisheit und Erkenntnis kann das gut ausfüllen, da kannst du dir sicher sein.

Wenn du weißt, wozu du berufen bist, dann kann dir keiner mehr etwas vormachen. Ich treffe so viele Christen, die nicht ihre persönliche Berufung kennen. Aber du hast eine göttliche Berufung, die etwas von Gottes Machtverhältnissen in deiner näheren Umgebung repräsentieren wird. Du hast unermesslichen Reichtum geerbt. Du bist mit derselben unvorstellbar großen Kraft ausgestattet, mit der Gott Jesus aus den Toten auferweckt hat.

Das alles ist für dich. Du hast einen unvorstellbar großen Gott. Er misst die Wasser der Meere mit seiner hohlen Hand und die Himmel mit seiner Spanne. Diesem Gott darfst du durch Jesus Christus ganz nahe sein.

Lass dir diese Tatsache langsam auf der Zunge zergehen. Sauge die Zusagen für dich in dich auf. Wenn das Teil deines Bewusstseins wird, sollte kein Platz mehr für Minderwertigkeit und Menschenfurcht übrig bleiben.

„Du hast nicht einen Geist der Furchtsamkeit empfangen, sondern einen Geist der Sohnschaft, indem du zu Gott rufst: Abba, lieber Vater!" [Röm 8,15]

Kehr um von der Unvergebenheit

„Wenn du aber den Menschen um dich herum nicht vergibst, so wird dir der Vater deine Vergehen auch nicht vergeben." [Mt 6,15]

Das ist ein klares Wort, da braucht man nicht mehr viel hinzuzufügen. – Lass das mal auf dich wirken.

Wenn du nicht vergeben willst, dann drückst du bei deiner eigenen Erlösung auf die Löschtaste. Einmal noch kommt das übliche Fenster mit der Frage: „Sind sie sicher, dass sie diesen Vorgang unwiederbringlich löschen wollen?" Wenn du nicht vergeben kannst, bestätigst du diesen Löschvorgang.

Merkst du, welch elementarer Wahnsinn das ist?

Du wirst mir hier sicher zustimmen – und doch ist Unvergebenheit in den meisten Kirchen ein weit verbreitetes und tiefsitzendes Geschwür.

„Deshalb sind viele unter euch schwach und krank, und ein guter Teil ist frühzeitig gestorben." [1 Kor 11,30] Das bezieht sich auf das

Abendmahl. Nimm nicht daran teil, wenn du nicht mit den anderen allen versöhnt bist.

Unvergebenheit ist sogar in manchen Sparten der Schulmedizin als Krankheitsursache aufgefallen. Ich werde öfters im Zusammenhang mit dem biblischen Heilungsanspruch gefragt, warum dann so viele Christen krank sind. Eine Hauptursache ist genau diese Unvergebenheit. Weil so viele krank sind, baut man um diesen schlimmen, Gott verachtenden Zustand auch noch besondere Lehren, die Krankheit sogar als Willen Gottes verkaufen möchte, anstatt zur Umkehr aufzurufen. Wenn in manchen Fällen sogar Pastoren nicht vergeben können, wie soll es dann ihren Schafen ergehen?

Das geht aber noch tiefer. „Wenn du nun auf dem Weg zum Gottesdienst bist und dich erinnerst, dass dein Bruder oder deine Schwester etwas gegen dich hat, so vergiss den Gottesdienst und gehe vorher zu ihnen und versöhne dich mit ihnen, und dann komm und bring deine Gaben ein!“ [Mt 5,23f]

Wenn du meinst, irgendjemand habe etwas gegen dich, so ist es eben deine Aufgabe, Initiative zu ergreifen. Kannst du dir vorstellen, wie leer plötzlich so manche Kirchen wären?

Einmal hat Petrus Jesu gefragt: „Herr, wie oft soll ich meinem Bruder, der gegen mich sündigt, vergeben? Bis zu siebenmal? Jesus spricht zu ihm: „Nicht nur siebenmal, sondern bis siebzigmal siebenmal.“ [Mt 18,21f] Alle Rechengenies haben erkannt, dass du pro Bruder oder Schwester 490-mal vergeben sollst. Entweder musst du pro Person gut Buch führen, dass du bei einem nicht schon nach dem zweihundertneunundachtzigsten Mal wieder aufhörst zu vergeben – oder du erkennst, dass Jesus hier sagt, du sollst immer vergeben – unlimited.

Das Christentum in Deutschland ist deshalb so schwach, weil wir durch die Unvergebenheit das vollkommene Werk Jesu am Kreuz mit Füßen treten. Wir können nicht so tun, als würden wir das Evangelium vertreten und zugleich das Zentrum der frohen Botschaft so verachten.

Ich weiß nicht, ob in deiner Kirche das Vaterunser noch fester Bestandteil des Gottesdienstes ist. „Vergib uns unsere Schuld, so wie wir denen vergeben, die uns gegenüber schuldig geworden sind." Wenn das bei euch nicht wie eine buddhistische Gebetsmühle heruntergeleiert wird, sollte das doch etwas bewirken.

Nach dem Jesus Petrus die mathematische Vergebungsformel gegeben hatte, verdeutlichte er das Ganze noch mit folgender Geschichte: „Das Reich Gottes ist mit einem König zu vergleichen, der mit seinen Verwaltern abrechnen wollte. Einer der Untergebenen war mit einer unvorstellbaren Millionensumme verschuldet. Er hatte eigentlich keine Chance, diese Schulden je zurückzahlen zu können. Deshalb wollte der König ihn, seine Frau, seine Kinder und seinen gesamten Besitz verkaufen lassen, um wenigstens einen kleinen Teil des Geldes zu bekommen. Doch der Mann fiel vor dem König nieder und flehte ihn an: „Herr, hab doch Erbarmen!" – Da hatte der König Mitleid. Er gab ihn frei und erließ ihm sogar seine kompletten Schulden. – Einfach so.

Aber kaum war der Mann frei, ging dieser zu einem der anderen Verwalter, der ihm wiederum etwas schuldete; es war aber nur ein kleiner Betrag. Er packte ihn beim Kragen und schrie: „Bezahle jetzt sofort deine Schulden!" Da flehte ihn der andere an: „Hab noch etwas Geduld! Ich will ja alles bezahlen." Aber der Verwalter ließ nicht mit sich reden und ließ ihn ins Gefängnis sperren. Als die anderen sahen, was sich da abgespielt hatte, teilten sie es ganz empört dem König mit. Der König ließ den Verwalter kommen: „Was bist du nur für ein hartherziger Mensch! Deine unfassbar große Schuld habe ich dir erlassen, weil du mich darum gebeten hast. Hättest du da nicht auch meinem anderen Verwalter gegenüber Erbarmen zeigen können, so wie ich dir?" Zornig übergab der König ihn den Folterknechten. Auf die gleiche Art wird mein Vater im Himmel euch behandeln, wenn ihr euch weigert, eurem Bruder oder eurer Schwester von ganzem Herzen zu vergeben." [Mt 18, 23-35]

Ich kann dich nur eindringlich bitten: Mache Vergebung zum Hauptthema in deinem Leben. Halte an Unvergebenheit nicht länger fest. Es schadet vor allem dir und es macht dich für andere unerträglich. Lass los! Bitte den Heiligen Geist, dass er dir hilft, eine erste Liste zusammenzustellen von den Menschen, denen du in der nächsten Zeit vergeben wirst. Du wirst staunen wie gut dir das tun wird. Als Nebenprodukt könnte es sein, dass du das eine oder andere gesundheitliche Problem plötzlich nicht mehr hast.

Kehre um von pharisäerhaften Positionen

Ein Pharisäer konnte nicht mit der Zuneigung von Jesus rechnen. Das gilt auch für Neuzeit-Pharisäer. Jesus war damals ständig mit ihnen in Konfrontation und er ist es auch heute noch.

Pharisäer stehen für „So tun als ob". Die Verpackung hat ein tolles Etikett, aber der Inhalt ist „mau", er besteht höchstens aus Ersatzstoffen, oder die Packung ist total leer. Von außen sieht alles beeindruckend aus, aber was nach dem Öffnen zum Vorschein kommt, entbehrt allen Lebens. „Die eine Ersatzform der Gottseligkeit oder Gottesfurcht haben, verleugnen aber Gottes Kraft." [2 Tim 3,5]

Warum hat sich Jesus so mit diesen Leuten angelegt? Brauchte er diese Reibungsfläche oder war es ein Sport, um sich redegewandt zu halten?

Das Pharisäertum war die knallharte Opposition zu Jesus und das ist es auch heute noch. Es ist die Religiosität, die sich wider eine lebendige Beziehung zu Jesus stellt. Der Vater dieser Opposition ist der Teufel. [Joh 8,44]

Blöde Frage: Willst du Satan zum Vater haben – oder auch nur mit ihm kooperieren?

„Das geht doch nicht bei einem Christen", wirfst du mir jetzt vielleicht entgegen. Da hast du aber unrecht, – leider geht das sehr wohl und diese zerstörerische Kooperation ist erschreckend gut ausgebaut in vielen Denominationen.

Oder meinst du, Paulus hat an die Epheser rein rhetorisch geschrieben: „Gebt dem Teufel keinen Raum?" Leider nicht. In jedem Punkt, der in diesem Buch aufgelistet ist, in dem du nicht umkehren möchtest, schaffst du dem Teufel einen Raum nach dem anderen. So ist es auch mit verschieden Denominationen gelaufen. Irgendwann in ihrer Kirchengeschichte gab es Ereignisse, die solche Räume eröffnet haben. Manche Kirchen haben dafür sogar eine ganze Abteilung: Den Raum des Unglaubens, den Raum wider den Heiligen Geist, den Raum der Lieblosigkeit. Die Aufzählung möglicher Räume des Teufels in Kirchen kannst du gerne nach Belieben fortsetzen.

Wie toll findest du es, dass der Teufel Untermieter in deiner Kirche ist? Alle Räume, die man ihm gegeben hat, weil man eben nicht dem Ruf des Paulus gefolgt ist, hat er bis oben hin mit Dynamit gefüllt. Wenn du in einer großen Kirche bist, was sind da schon sieben Räume für den Teufel gegenüber den anderen hundert Räumen? Solange die Kirche sich einigermaßen wirkungslos nur um sich selber kümmert, merkt man davon nichts. Aber sollte die Kirche plötzlich auf die Idee kommen, dass Mission ein Thema ist und einen Blick für die vielen Verlorenen gleich außerhalb der Kirchenmauern bekommen, dann werden diese Räume des Teufels plötzlich offenbar.

Er drückt auf den richtigen Knopf und die Ladung geht hoch. Es genügt ein einziger mit diesem Sprengstoff gefüllter Raum, um ein ganzes Haus zum Einsturz zu bringen. Eine nette Spaltung könnte die Folge sein, ein Finanzproblem kommt ans Licht, in den Ehen der Leiterschaft kommt es zu Turbulenzen. Da gibt es viele Möglichkeiten, den seligen Gemeindealltag durcheinander zu wirbeln.

Der Vater der Religiosität hat kein Problem mit einer Kirche, die hauptsächlich mit sich selbst beschäftigt ist – aber wenn sie Einfluss auf die Gesellschaft zu nehmen droht oder sogar Menschen aus der Finsternis ins Licht rücken möchte, dann wird das für ihn unangenehm.

Es wäre wirklich besser, dem Teufel keinen einzigen Raum zu geben. –

Daher kehre um von allem „so tun als ob“!

Schauen wir uns an, was Jesus den Pharisäern seiner Zeit gesagt hat. Beziehe es auf dich als einem Menschen der eigentlich als königlicher Priester vorgesehen ist:

„Die Schriftgelehrten und Pharisäer sind eigentlich dazu eingesetzt, euch das Wort Gottes zu eröffnen. Richtet euch nach dem Wort! Folgt aber nicht ihrem Beispiel! Denn sie selber tun nicht, was sie von den anderen fordern. Sie laden anderen unerträgliche Lasten auf, doch sie selbst rühren keinen Finger. Mit allem, was sie tun, stellen sie ihre besondere Frömmigkeit zur Schau. Am Auto haben sie den größten Fisch kleben. In der Kirche sitzen sie in der ersten Reihe. ... Wer unter euch wirklich groß sein will, der soll allen anderen dienen. Alle, die sich selbst ehren, werden gedemütigt werden. Wer sich aber selbst erniedrigt, wird geehrt werden.“ [Mt 23,2-7+12]

„Wehe euch, ihr Pharisäer und Schriftgelehrten! Ihr Heuchler! Durch euch wird anderen der Zugang in das Reich Gottes versperrt. Ihr selbst geht nicht hinein, und die hinein wollen, hindert ihr daran.

Wehe euch, ihr Schriftgelehrten und Pharisäer! Ihr Scheinheiligen! Von allem fordert ihr den zehnten Teil. Aber die viel wichtigeren Forderungen Gottes nach Gerechtigkeit, Barmherzigkeit und Glauben sind euch gleichgültig. Ihr aber entfernt jede kleine Mücke aus dem Essen, doch ganze Kamele schluckt ihr bedenkenlos hinunter. Andere wollt ihr führen und seid doch selber blind!

Wehe euch, ihr Schriftgelehrten und Pharisäer! Ihr seid wie die gepflegten Grabstätten: von außen sauber und geschmückt, aber innen ist alles voll stinkender Verwesung. Ihr steht vor den Leuten als solche da, die Gott ehren, aber in Wirklichkeit seid ihr voller Bosheit und Heuchelei.

Wehe euch, ihr Schriftgelehrten und Pharisäer! Ihr Scheinheiligen! Den Vätern des Glaubens baut ihr Denkmäler, und die Gräber derer, die nach Gottes Willen lebten, schmückt ihr. Ihr Nachkommen der Prophetenmörder! Ja, ihr treibt es sogar noch schlimmer als sie. Ihr Schlangenbrut! Wie wollt ihr Gottes Gericht und der Hölle entrinnen? Ich werde euch Propheten, weise Männer und Lehrer schicken, die euch die Heilige Schrift erklären. Einige von ihnen werdet ihr töten und kreuzigen. Andere werdet ihr aus euren Kirchen hinauswerfen und sie von Stadt zu Stadt verfolgen. Dadurch seid ihr am Tod aller dieser Menschen schuldig, die nach Gottes Willen lebten. Das sage ich euch: Das Strafgericht für all diese Schuld wird noch über diese Generation hereinbrechen.“ [Mt 23,1-36 Teile]

Als königlicher Priester [1 Petr 2,9] ist es auch deine Aufgabe, anderen das Wort Gottes zu eröffnen. Dafür ist es notwendig, dass es auch für dich selbst eröffnet ist. Du kannst nicht als Blinder andere hineinführen. „Bibeltreu“ am Buchstaben festzuhalten reicht dafür nicht aus. Du brauchst eine Offenbarung des Wortes, sonst bleiben es tote Buchstaben und du würdest nur tote Information weitergeben.

„Durch die Kraft Gottes hat er uns zu Dienern des neuen Bundes befähigt, nicht des Buchstabens, sondern des Geistes. Denn der Buchstabe tötet, der Geist aber macht lebendig.“ [2 Kor 3,6]

Der alte Bund ist der Bund des Gesetzes. Der Buchstabe ohne diese Eröffnung durch den Heiligen Geist führt zurück in alte Gesetzlichkeit. Das verlangt Verhaltensformen, die einen Schein wahren wollen. Aber das, was Gott eigentlich beabsichtigt, kann so nie erreicht werden. „Das führt dann zu einer Form der Gottseligkeit, deren Kraft aber verleugnet wird.“ Paulus empfiehlt Timotheus, sich davon fern zu halten. [2 Tim 3,5] Vielleicht wäre das auch für dich das Beste!

In dem, was Jesus zu den Heuchlern sagt, sind einige Muster enthalten, von denen auch du geprägt sein könntest. Denn jede Kirche ist gefährdet, bereits nach ein, zwei Generationen von der Frische des Anfangs entfernt zu sein. Wenn die erste Liebe weg ist, wenn die Begeisterung verloren gegangen ist, dann muss der Mangel ausgefüllt werden. Wenn nicht Gott diesen Mangel mit seinen Gaben füllen darf, dann kommen die Ersatzformen der Religiosität, die so tun, als wäre alles in bester Ordnung. Frage dich ernsthaft: Welche Ersatzformen hast du in dein Christenleben einschleichen lassen? Was tust du alles, um vor anderen als toller Christ zu erscheinen? Du kannst dir sicher sein, Gott imponiert das alles überhaupt nicht – ihm können wir da sowieso nichts vormachen.

Wer sich zu lange von Ersatzformen hat prägen lassen, wird das auch von anderen um sich herum verlangen. „Du musst auch so tun als ob ...“ Sonst würde das ja auffallen. Etwas Echtes unterscheidet sich immer von seiner Ersatzform. Probiere das mal mit Kaffee aus. Nimm echten, frisch gerösteten Kaffee und koste anschließend so einen Ersatz-Kaffee. Welchen wirst du bevorzugen?

Die Pharisäer haben Jesus kreuzigen lassen, weil sie das Echte nicht ertragen konnten und nicht von ihrer Religiosität umkehren wollten. Alles Religiöse ist für das Reich Gottes unbrauchbar. Mit Ersatzformen hinderst du auch andere, selbst ins Reich Gottes zu kommen.

Jede reformierte Kirche wurde von den Geschwistern verfolgt, aus denen sie hervorgegangen ist. Das Gute ist immer der Feind des Besseren.

Kehre um von deinen Ersatzformen, auch wenn das kein gemütlicher Weg ist. Entscheide dich für das Echte. Nur damit kann Mission möglich werden.

Kehre um, den Heiligen Geist zu betrüben

In den deutschsprachigen Ländern gibt es eine deutliche Differenzierung zwischen charismatischen und nicht-charismatischen Kirchen. Man vermeidet das Thema „Heiliger Geist" besser, um nicht in ein Fettnäpfchen zu treten. Doch wir befinden uns damit bei einem so zentralen Thema, dass ich mich nicht scheue, dafür sogar in ein Fettfass zu treten.

Jesus hat zu seinen Jüngern gesagt: „Wartet, bis ihr „charismatisch" werdet. Ich werde euch den Heiligen Geist senden, nicht nur für eine Tagesaktion, sondern für immer. Durch ihn bleibe ich bei euch, bis ans Ende der Zeit. Nicht nur, um eure Gottesdienste etwas emotionaler gestalten zu können, sondern, damit ihr tatsächlich an meiner statt auf der Erde wirken könnt." [Apg 1,4+8]

Wer in aller Welt oder besonders in Deutschland sollte daran etwas zu rütteln haben? Wohl nur jemand, der sich der Leitung des Heiligen Geistes entziehen möchte, der die Kontrolle nicht aus seiner Hand geben will.

Die hundertzwanzig Jünger haben in dem Obergemach gewartet, bis sie „charismatisch“ wurden.

„Aber ihr werdet Kraft empfangen, wenn der Heilige Geist auf euch gekommen ist; und ihr werdet meine Zeugen sein.“ [Apg 1,8]

Untersuche mal die Apostelgeschichte auf Aussagen über den Heiligen Geist. „Voll des Heiligen Geistes und voll Glauben.“ Das war nach Pfingsten die gängige Bezeichnung für alle Menschen, die für Jesus unterwegs waren. So nebenbei wurden ihre Aktionen von Zeichen und Wundern begleitet, die bestätigten, dass diese Leute es mit dem Gott zu tun hatten, dem alle Macht und Gewalt gehört. Der übernatürliche Gott hat sich durch seine Freunde auch übernatürlich zu erkennen gegeben.

Ihr werdet die Kraft des Heiligen Geistes empfangen, nur so werdet ihr meine Zeugen sein können. Ohne diese Kraft werdet ihr höchstens zur Lachnummer der Nation werden.

Stell dir eine durchschnittliche Kirchengemeinde in Deutschland vor, die in der Regel nicht voll des Heiligen Geistes ist. Egal, ob diese Kirche als charismatisch oder als nicht-charismatisch bezeichnet wird, auch charismatische Gemeinden in der dritten Generation kennen den Heiligen Geist oft nur noch vom Hörensagen.

Stellen wir uns also so eine Kirche als luxuriöses Automobil vor. Technisch ausgestattet sind die meisten Kirchen ja „vom Feinsten“. Nehmen wir also dafür einen schönen Mercedes Benz E 500 mit einem Achtzylinder Motor, 388 PS und einem G7-Tronic-Getriebe, 250 km/h Höchstgeschwindigkeit. In 4,5 Sekunden von 0 auf 100. Natürlich mit elektronischem Stabilitäts-Programm ESP und der Antriebs-Schlupf-Regelung ASR. Ausgestattet mit exklusiven Büffelledersitzen, beheizt und dreidimensional elektronisch einstellbar. Digitalarmaturen mit Wurzelnussholz-Zierteilen. Und, und und ...

... nur kein Sp(i)rit im Tank.

Die 388 PS kommen dadurch nicht ganz zur Geltung. Der Pastor steht an der offenen Fahrertür, eine Hand am Lenkrad, die andere am Türrahmen. Rund um das tolle Auto in Tansanitblau metallic stehen die Gemeindeglieder. Der Pastor, zugleich lenkend und schiebend, gibt das Kommando: „Auf los, anschieben." Alle legen sich ins Zeug, der E-Klasse Mercedes kommt leicht in Fahrt. Aber nur in Schrittgeschwindigkeit – versteht sich ja. –

Das ist das Bild einer durchschnittlichen deutschen Kirchengemeinde, die noch über genügend „aktive Mitglieder" - im wahrsten Sinnes des Wortes – verfügt. Nach einer Weile sind alle ausgepowert. Der Pastor leidet an einem Burnout-Syndrom – und wirklich vorwärts kommt das Gefährt doch nicht. Diese Gemeinde ist vor allem nicht besonders attraktiv für Außenstehende. Wer hat schon Lust, auch mit anzuschieben?

Der Heilige Geist will nicht nur den Tank voll machen, sondern er will auch am Lenkrad sitzen. Ganz heimlich zeigt sich hier das eigentliche Problem: Wer will schon gerne die Kontrolle aus der Hand geben?

In der Apostelgeschichte liest du, dass sie alle voll des Heiligen Geistes waren und voll des Glaubens. Sie vertrauten sich ganz Gott an. „Dein Wille geschehe hier auf Erden, wie er im Himmel ohne Widerrede ausgeführt wird." Das beten wir auch gelegentlich im Vaterunser.

Entweder sein Wille oder dein Wille. Entweder bekommt er das Lenkrad oder eben nicht. Ich treffe sehr oft Gemeinden an, die haben mindestens ein Jahr im Voraus alles genau geplant und wie der einzelne Gottesdienst aussieht, ist auch klar definiert, einer wie der andere. Wenn der Heilige Geist eine dezenten Planungsänderung hätte, wie würde es ihm dabei ergehen? In der Regel hat er schlechte Karten.

Pfingsten, nur zehn Tage nach Christi Himmelfahrt, wäre heute nicht möglich. Die Gremien für eine nächste Sitzung einzuberufen braucht schon mal zwei Monate, und bis eine Entscheidung erzielt werden kann, verstreicht schnell mal ein Jahr.

„Und tut nichts, was den Heiligen Geist betrübt! Denn er ist das Siegel, das Gott euch im Hinblick auf den Tag der Erlösung aufgedrückt hat, um damit zu bestätigen, dass ihr sein Eigentum geworden seid.“ [Eph 4,30] An sich bist du sein Eigentum und er sollte eigentlich die Kontrolle haben können. Oder hantierst du so lange an dem Siegel herum, bis es aufgebrochen ist? „Hast du vergessen, dass du ein Tempel des Heiligen Geistes bist? Er wohnt in dir, weil Gott ihn dir gegeben hat. Du gehörst also nicht mehr dir selber.“ [1 Kor 6,19]

Ihr Treulosen! Ist euch denn nicht klar, dass Freundschaft mit allem anderen als mit Gott zugleich Feindschaft mit ihm bedeutet? Oder meint ihr, die Heilige Schrift sagt ohne jeden Grund: „Leidenschaftlich wünscht sich der Heilige Geist, der in uns Wohnung gemacht hat, dass wir ganz ihm gehören sollten“? [Jak 4,4f]

„Genauso wie eure Vorfahren widersetzt ihr euch ständig dem Heiligen Geist.“ [Apg 4, 51] Das kann nicht lange gut gehen. Der Heilige Geist zieht sich irgendwann mal zurück. Er probiert es sicher einige Male, aber wenn du dich ständig widersetzt, irgendwann verabschiedet er sich. Er drängt sich dir nicht auf.

„Ihr könnt den Menschensohn beschimpfen, das würde euch vergeben werden. Wer aber den Heiligen Geist lästert, der wird niemals Vergebung finden.“ [Lk 12,10]

Wer sich nicht nur widersetzt, sondern den Heiligen Geist sogar als einen „Geist von unten“ bezeichnet, für den verheißt dieser Vers nichts Gutes. Ich hoffe, du nimmst rechtzeitig die Kurve und kehrst um. Lass dich vom Heiligen Geist leiten.

„Du wirst die Kraft empfangen, wenn der Heilige Geist auf dich gekommen ist; und du wirst mein Zeuge sein.“ [Apg 1,8]

„Den Heilige Geist, den der Vater an meiner Stelle als Helfer senden wird, der wird euch alles lehren und euch an alles erinnern, was ich euch gesagt habe. Er wird euch in die ganze Wahrheit leiten.“ [Joh 14,26; 16,13]

Mission ist ohne die Kraft des Heiligen Geistes nicht möglich. Bitte verwechsle das nicht mit einer theoretisch theologischen Abhandlung zu diesem Thema. Du kannst einiges darüber wissen und es nützt trotzdem nichts. Du musst nicht alles wissen, sondern nur selbst voll des Heiligen Geistes sein. Du brauchst die Kraft; sonst bleibst du ein Vehikel ohne Sprit. Für Paulus war das klar: „Meine Rede und meine Predigt bestand nicht in überredenden Worten menschlicher Weisheit, sondern in Erweisung des Geistes und der Kraft, damit euer Glaube eben nicht auf Menschenweisheit, sondern auf Gottes Kraft beruhe.“ [1 Kor 2,4-5]

Hast du den Heiligen Geist empfangen? Wenn du durch den Heiligen Geist von neuem geboren wurdest, hast du natürlich uneingeschränkt Anspruch auf ihn. Aber es könnte sein, dass dir das noch niemand so deutlich gesagt hat.

Paulus kam nach Ephesus, dort traf er einige Christen wie du vielleicht einer bist. Die fragte er: „Habt ihr den Heiligen Geist empfangen, als ihr zu glauben begonnen habt?“ - „Nein“, erwiderten sie, „wir haben noch nicht einmal gehört, dass es einen Heiligen Geist gibt.“ Sie hatten die Taufe des Johannes empfangen, zur Umkehr zu Gott. Nachdem sie das gehört hatten, ließen sie sich ein zweites Mal taufen, auf den Namen des Herrn Jesus. Und als Paulus ihnen die Hände auflegte, empfingen sie den Heiligen Geist. Sie beteten in anderen Sprachen und redeten, was Gott ihnen eingab. [Apg 19,1-6]

Wenn du voll des Heiligen Geistes bist, dann wirkt sich das sehr praktisch durch Geistesgaben aus. Jeder Christ hat solche Geistesgaben, wenn ihn nicht irgendwelche verantwortungslose Lehren davon abgehalten haben. Geistesgaben sind immer ein übernatürlicher Ausdruck der Gegenwart Gottes in deinem Leben. Der bloße Verstand ungläubiger Theologen hat damit natürlich Probleme. Aber damit wirst du zum lebendigen Beweis, wie groß dein Gott ist und dass ihm alles möglich ist. Das gigantische Wunder dabei ist, dass er seine Herrlichkeit durch so schwache Gefäße wie dich und mich sichtbar macht. Das beweist umso mehr seine Größe.

„Nun möchte ich euch, liebe Brüder und Schwestern, nicht länger im Unklaren lassen über die Gaben, die der Geist Gottes schenkt. So verschieden die Gaben auch sind, die Gott uns gibt, sie stammen alle von ein und demselben Geist. Und so unterschiedlich auch die Aufgaben in der Gemeinde sind, so dienen wir doch alle dem einen Herrn. Es gibt verschiedene Wirkungen des Geistes Gottes; aber in jedem Fall ist es Gott selbst, der alles bewirkt. Wie auch immer sich die Gaben des Geistes bei jedem Einzelnen von euch zeigen, sie sollen der ganzen Gemeinde nützen. Dem einen schenkt er im rechten Augenblick das richtige Wort. Ein anderer kann durch den Geist die Weisheit Gottes klar erkennen und weitersagen. Wieder anderen schenkt Gott durch seinen Geist unerschütterliche Glaubenskraft und dem Nächsten die Gabe, Kranke zu heilen. Manchen ist es gegeben, Wunder zu wirken. Einige sprechen in Gottes Auftrag prophetisch; andere sind fähig zu unterscheiden, was vom Geist Gottes kommt und was nicht. Einige reden in unbekannten Sprachen, und manche schließlich können das Gesagte für die Gemeinde auslegen. Dies alles bewirkt ein und derselbe Geist. Und so empfängt jeder die Gaben, die der Geist ihm zugedacht hat." [1 Kor 12,1-11]

Auf jeden Fall ist eine dieser Gaben für dich vorgesehen; es können aber auch mehrere sein.

Paulus unterstreicht einige dieser Gaben des Heiligen Geistes:

„Die Liebe soll dein höchstes Ziel sein. Strebt nach den Gaben, die der Geist Gottes gibt; vor allem danach, in Gottes Auftrag prophetisch zu reden.“ [1 Kor 14,1]

Das ist nicht so kompliziert, wie es vielleicht klingen mag. Wenn du voll des Heiligen Geistes bist, dann kann der Heilige Geist ganz leicht zu dir sprechen. Was du hörst, kannst du weitergeben – schon hast du prophetisch gesprochen. Auch wenn du eine besondere Offenbarung über eine Bibelstelle erfährst – gib diese weiter, auch das ist prophetisch.

„Ich möchte, dass ihr alle durch den Heiligen Geist in unbekannten Sprachen redet. Aber mehr noch, dass ihr alle in Gottes Auftrag prophetisch redet. Das ist wichtiger als in unbekannten Sprachen zu reden, es sei denn, das Gesprochene wird durch den Heiligen Geist ausgelegt, damit die ganze Gemeinde dadurch aufgebaut wird.“ [1 Kor 14,5]

Kehre davon um, den Heiligen Geist zu betrüben. Arbeite mit dem Heiligen Geist zusammen.

„Die Gnade des Herrn Jesus Christus und die Liebe Gottes und die Gemeinschaft des Heiligen Geistes sei mit dir!“ [2 Kor 13,13]

Der Heilige Geist ist dir als Helfer gegeben. Ohne ihn bist du auf menschliche Ressourcen beschränkt. Der Heilige Geist spricht zu dir, bezeugt dir Gottes Willen, lehrt dich. Er überführt dich von Sünde, führt dich in die Wahrheit, steht dir bei, erfüllt dich mit Liebe, schenkt unaussprechliche Freude, gibt dir übernatürlich Kraft, erfüllt dich mit Frieden, schenkt Gaben, eröffnet dir neue Dimensionen zu dienen, erinnert dich an alles, was Jesus gesagt hat, sendet dich, führt dich, zeigt dir, wer Jesus wirklich ist und wer du in ihm bist. - Lass dir nichts davon entgehen!

Kehre um! Bitte den Vater um die Erfüllung mit dem Heiligen Geist. Werde ein würdiger Nachfolger Jesu! Nicht so eine frommer Wabbelpudding, der für gottferne Menschen eher abschreckend wirkt.

„Mit absoluter Sicherheit sage ich dir: Wenn du mir vertraust, wirst du auch die Werke tun, die ich tue, und wirst größere als diese tun, weil ich zum Vater gehe. [Als mein Nachfolger bist du dann an meiner Stelle da. Damit das möglich ist, sende ich dir den Heiligen Geist.] Und was du bitten wirst in meinem Namen, das werde ich tun, damit der Vater verherrlicht werde im Sohn.“ [Joh 14,12]

Kehre um von Uneinheit

Was ist Einheit? Das ist auch wieder so ein Wort, das für Verwirrung und Ängste gesorgt hat. „Sich nur nicht für eine falsche Einheit öffnen!“ Da wählt man lieber die Uneinheit als Gefahr zu laufen, in einer Einheitskirche der Weltökumene verschlungen zu werden. Auf der anderen Seite unterliegt dieses Wort auch einer Inflation, wie so mancher anderer biblische Ausdruck, der über längere Zeit eine spezielle Prägung erfahren hat.

Ich komme oft in lokale Arbeitskreise und Gremien und meist wird mir versichert, welch tolle Einheit unter den verschiedenen beteiligten Kirche herrsche. Schaut man sich das näher an, so ist diese Einheit gar nicht so toll.

Jeder kocht sein eigenes Süppchen. Am Tisch solcher Arbeitskreise bemerkt man, wie jeder Beteiligte bemüht ist, das Tischtuch etwas mehr auf seine Seite zu ziehen. „Was schaut für unsere Kirche dabei heraus, wenn wir uns an dem Projekt beteiligen?“ Das ist ja nur allzu menschlich, aber das ist nicht Einheit. Wir müssen wissen, ob wir von ein und derselben Sache sprechen.

Vor kurzem habe ich ein sehr anschauliches Bild für diese Einheit, die oft in solchen Arbeitskreisen besteht, erhalten.

Man nehme ein Blatt Papier und schneide schöne große Zacken aus der Längsseite. Wenn dann die Enden zusammenfügt, hält man eine Krone in der Hand. Schön! Jede Zacke steht für eine der unterschiedlichen Kirchen in dem Arbeitskreis. Die Spitze gibt die Besonderheit der Denomination wieder. Die eine Gemeinde hat ihre Spitze in einem besonderen Schwerpunkt in der Lehre des Wortes, die andere hat den Schwerpunkt in einem deutlicheren Taufverständnis, die nächst Spitze steht für eine Kirche, in der die Erfüllung mit dem Heiligen Geist sehr zentral ist, die nächste hat einen ausgeprägten diakonischen Dienst usw. Es ist doch erfreulich, diese Vielfalt anzusehen! Aber um den Arbeitskreis handlungsfähig zu machen und auf eine realistische Einheit zu bringen, nimmt man nun wieder die Schere und schneidet alle Spitzen ab. Alle sind nun eins – auf dem kleinsten gemeinsamen Nenner. Kannst du das nachvollziehen?

Wo immer ich die Möglichkeit bekomme, versuche ich, eine Einheit mit dem größten gemeinsamen Nenner zu bilden. Das bildliche Beispiel würde dann so aussehen: Die Spitzen werden nicht abgeschnitten – sondern die Spitzen sind hier explizit erwünscht, als unterschiedliche Gaben Gottes. Die Spitzen werden in diesem Fall um 90 Grad nach innen gebogen. Die Spitzen beugen sich sozusagen voreinander, als Ausdruck, sich gegenseitig dienen zu wollen.

Nachdem alle voreinander „gebeugt" sind, merkst du, dass durch das gefaltete Papier eine neue gemeinsam erhöhte Plattform entstanden ist.

Was können wir erwarten? Von einer Einheit mit dem kleinsten gemeinsamen Nenner können wir natürlich auch nur das kleinste mögliche Ergebnis erwarten. Bei einer Einheit mit dem größten gemeinsamen Nenner wird das Ergebnis viel größer ausfallen, als wir es uns in unseren kühnsten Vorstellungen erwarten können.

Eines ist jedenfalls sicher: Jesus hat Einheit für seinen Leib vorgesehen und macht auch sehr deutlich, was er darunter versteht:

„Aber nicht für diese allein bitte ich, sondern auch für die, welche durch ihr Wort irgendwann einmal an mich glauben werden, damit sie alle eins seien, wie du, Vater, in mir und ich in dir, dass auch sie in uns eins seien, damit die Welt glaube, dass du mich gesandt hast. Und die Herrlichkeit, die du mir gegeben hast, habe ich ihnen gegeben, dass sie eins seien, wie wir eins sind – ich in ihnen und du in mir –, dass sie in eins vollendet seien, damit die Welt erkenne, dass du mich gesandt und sie geliebt hast, wie du mich geliebt hast. Vater, ich will, dass die, welche du mir gegeben hast, auch bei mir seien, wo ich bin, damit sie meine Herrlichkeit schauen, die du mir gegeben hast, denn du hast mich geliebt vor Grundlegung der Welt. Gerechter Vater! Und die Welt hat dich nicht erkannt; ich aber habe dich erkannt, und diese haben erkannt, dass du mich gesandt hast. Und ich habe ihnen deinen Namen kundgetan und werde ihn kundtun, damit die Liebe, womit du mich geliebt hast, in ihnen sei und ich in ihnen."
[Joh 17,20-26]

Du kannst dir sicher sein, dass dieses Gebet von Jesus vom Vater erhört wurde. Einheit ist Gottes Wille und das Beste, was du tun kannst, ist, dich dafür zur Verfügung zu stellen.

Einheit – wie Jesus mit dem Vater eins ist. Von dieser Qualität spricht Jesus hier.

Einheit ist auch eine wichtige Voraussetzung dafür, dass Mission wirklich fruchtbar wird. „Damit die Welt erkennt..." Der Status quo, Einheit auf dem kleinsten gemeinsamen Nenner, ist nicht die Einheit , um die Jesus den Vater gebeten hat. Es ist Uneinheit mit vielen kirchenpolitischen Annäherungsversuchen. Die Welt kann trotzdem nicht „erkennen", auch wenn wir ihr das beste christliche

Unterhaltungsprogramm liefern – tolle Theaterstücke – optimale Musikdarbietungen.

Die Welt sieht tatsächlich nur eine makabere Baustelle. Sie sieht einen schwachen, nahezu bewegungsunfähigen Leib. Bitte nimm zur Kenntnis, wie die weltlichen Medien das Christentum heute beschreiben.

Mal dir mal folgendes Bild vor Augen: Auf einer größeren Fläche liegen eine Menge loser Körperteile herum: Da ein baptistischer Waden, dort ein herrenhuter Schultergelenk, dazwischen einige Meter charismatische Darmwindungen, daneben katholische Kniescheiben, nicht weit davon entfernt eine paar methodistische Rippen, vor Deinen Füßen ein pfingstlicher Lungenflügel, ein adventistischer Oberschenkel, dazwischen einige lose Finger, ein Leberlappen, – alle möglichen Körperteile liegen vor dir unzusammenhängend verstreut herum und ein Kopf ist nicht unmittelbar in Sicht.

So kann man sich den Leib Christi in Deutschland vorstellen, wenn man ihn nicht mit einer stark rosa eingefärbten Brille ansieht. Natürlich ist das krass – aber wir sind so weit entfernt von dem, wofür Jesus gebetet hat. „...damit sie alle eins seien wie du, Vater, in mir und ich in dir." Wir können nicht weiter biblische Aussagen an deutsche Verhältnisse angleichen wollen. Wir müssen umkehren und uns den biblischen Standards angleichen. Wenn die Bibel die kirchliche Baustelle in Deutschland nicht als Einheit bezeichnet, dürfen wir das auch nicht tun, auch wenn das unbequem ist.

„Wir erkennen stückweise" stellt Paulus in 1 Kor 13,12 fest, und dabei haben wir es zum größten Teil belassen. Jede Denomination hat noch dazu um ihr „Stück" der Erkenntnis feste, dicke Mauern herum gebaut.

Dabei war es nicht Gottes Absicht, dass sich diese Stücke abgrenzen oder den Stolz des Einzelnen nähren sollen, sondern durch die Ergänzung der einzelnen Stücke sollte ein ganzes, vollkommenes Bild entstehen.

„Und die Herrlichkeit, die du mir gegeben hast, habe ich ihnen gegeben", sagt Jesus. Jedem ein Stückchen davon. Diese Stücke sollen wie bei einem Puzzle zusammengefügt werden. „Lass sie Stück für Stück eins werden". Wenn die Teile zusammengefügt sind, wird es die Welt erkennen, ohne dass lange Erklärungen nötig sind. Ein ganzes Bild würde vor Augen sein. Aber was will man mit einem Puzzle-Stückchen alleine anfangen? Da kannst du meistens noch nichts erkennen.

Wir haben bewusst von Gott nur Teilstücke erhalten, damit der einzelne nicht über sich hinaus wächst und wir einander brauchen, um uns zu einem Leib zusammenfügen zu lassen. Satan, dieser Schlächter, liebt es jedenfalls, wenn diese losen Körperteile so unabhängig voneinander herumliegen. Damit hält er den Leib wirkungslos. Er unterstützt es, dass jeder sein eigenes Stückwerk insgeheim für das Wichtigere hält. „Wir sind doch um eine Spur die wahreren Christen..."– ohne so etwas je laut auszusprechen. Das Stückwerk eines anderen kann man vielleicht stehen lassen, so als Zweite-Wahl-Erkenntnis, oder vielleicht vermutet man doch einen Hauch von Irrlehre darin? Damit spielen Denominationen dem Teufel optimal zu, jedes Zusammenfügen einzelner Puzzleteile zu verhindern. Und die Welt kann es nicht erkennen.

Setzt alles daran, die Einheit des Geistes zu bewahren (oder zumindest wieder herzustellen) durch das Band des Friedens: „Ein Leib und ein Geist, wie ihr auch berufen worden seid in einer Hoffnung eurer Berufung! Ein Herr, ein Glaube, eine Taufe, ein Gott und Vater aller, der über allen und durch alle und in allen ist." [Eph 4,3-6]

Ist das so, wie es hier steht? Stimmt es, „ein Leib" oder sind es hunderte Denominationen? Ein Geist, der betrübt wird, ist mit einem Mal nicht mehr gegenwärtig. Deine Berufung musst du natürlich kennen, um mit ihr etwas anzufangen. Ein Herr? Da ist doch ein Witz im Umlauf, mit der Frage: Kennst du den Unterschied zwischen der katholischen Kirche und den Freikirchen? – Die katholische Kirche hat nur einen Papst... Ein Glaube? – wenn sich nicht so viel Unglaube ausgebreitet hätte. „Und wenn ihr in irgendetwas eine andere Auffassung habt, wird euch Gott auch dies offenbaren.“ [Phil 3, 15] Eine Taufe? Welche nun, die Befeuchtungstechnologie oder das Untertauchverfahren.

Nur bei Gott könnte es einigermaßen Übereinstimmung geben.

Bedenke auch: Jesus hat für jeden Christen den höchsten Preis erkauft. Ganz gleich, ob das ein wiedergeborener Katholik oder Pfingstler ist. Keiner wurde im Sommerschlussverkauf erworben. Für Jesus gibt es da keinen Unterschied. Er sieht jeden ohnedies mit anderen Augen – auch dich. Er sieht dich gerecht gemacht und vollkommen. Für uns ist das natürlich nicht leicht vorstellbar, wenn ich nur an die komische Nase des einen Bruders denke und den Mundgeruch dieser gewissen Schwester...

„Und für alle ist er gestorben, damit die, welche leben, nicht mehr sich selbst leben, sondern dem, der für sie gestorben und auferweckt worden ist. Aus diesem Grund kennen wir uns einander nicht mehr nach der krummen Nase und dem Mundgeruch; wenn wir auch Christus nach dem Fleisch gekannt haben mögen, so kennen wir ihn, den Auferstandenen, jetzt nicht mehr so. Daher, wenn jemand in Christus ist, so ist er eine neue Schöpfung; das Alte ist vergangen, siehe, Neues ist geworden.“ [2 Kor 5, 17-17]

Das könnte uns doch helfen, die Lage etwas anders zu betrachten. Versuche durch den Heiligen Geist, den du nicht betrüben wirst, herauszufinden, wer Christus in deinem Bruder und deiner Schwester ist. „... ich in ihnen und du in mir...“ Nicht dein Stückwerk ist das Wesentliche, sondern Christus in dir, Christus in deinem katholischen Bruder, Christus in der Schwester von dieser ganz sonderbaren Gemeinde. Was du einem dieser geringsten Brüder oder Schwestern getan hast, hast du Jesus getan. [Mt 25,40]

„Wer sagt: Ich liebe Gott, und seinen Bruder aber nicht liebt, der ist ein Lügner.“ [1 Joh 4,20]

„Leben wir aber im Licht, so wie Gott im Licht ist, dann haben wir Gemeinschaft mit allen möglichen Geschwistern. Und das Blut, das sein Sohn Jesus Christus für uns vergossen hat, reinigt uns von aller Sünde.“ [1 Joh 1,7]

Kehre um, und stelle dich nicht länger dem Teufel als Werkzeug der Uneinheit zur Verfügung. Bitte darum, dass du durch den Heiligen Geist Christus im anderen sehen kannst und mit ihm Gemeinschaft hast. Lass dein Puzzleteil ins gesamte Bild einfügen! Dann wird die Welt erkennen – und so wird Mission auf einer ganz neuen Ebene möglich.

„Seht euch an, wie gut und wie lieblich es ist, wenn Brüder und Schwestern in Einheit zusammen sind. Wie das köstliche Öl, das vom Haupt herabfließt auf den Bart, weiterfließt auf den Halssaum der Kleider. Wie der Tau des Hermon, der herabfließt auf die Berge Zions. Denn dorthin, wo Einheit ist, hat der Herr den Segen befohlen, Leben bis in Ewigkeit.“ [Psalm 133]

Kehr um von der Fruchtlosigkeit

Die Zahl der wiedergeborenen Christen geht in Deutschland von Jahr zu Jahr zurück. – Das ist Fruchtlosigkeit. – Oder gibt es eine andere Bezeichnung dafür? Auch wenn wir auf einige positive

Ereignisse verweisen, die in sich durchaus fruchtbar sind, so gibt es keinen Grund, sich darüber in entspannter Zufriedenheit zurückzulehnen. Es hilft auch nicht, wenn wir da die Früchte des Geistes aus der Reservekiste holen: „Liebe, Freude, Eierkuchen hat bei uns in der Gemeinde zugenommen!" Das ist ja durchaus begrüßenswert. Wenn es aber nicht zur eigentlichen Frucht führt, ist etwas krank am Baum.

Was ist die Frucht von einem Apfel? Nein, nicht Apfelsaft, sondern viele neue Äpfel. Was ist die die Frucht eines Korns? Die Kornblume? Auch nicht, es ist eine Ähre voller Körner.
Was ist die Frucht eines Christen? Genau: Viele neue Christen.

Am Anfang der Bibel ist unser allererster Auftrag verbrieft: Seid fruchtbar und vermehret euch! [1 Mo 1,28] Beim Vermehren müssen anschließend immer mehr sein. Wenn Christen sich in Deutschland vermehren sollen, dann darf ihre Zahl nicht rückläufig bleiben.

Unser Herr als Investor, – er hat immerhin alles investiert, was er hatte, rechnet mit einer wirklich guten Rendite.

„Wenn ihr viel Frucht bringt und euch so als meine Jünger erweist – also in meine Fußstapfen tretet, wird die Herrlichkeit meines Vaters sichtbar." [Joh 15,8]

Wir ehren Gott, wenn wir viel Frucht bringen, denn dazu hat Gott uns berufen, und das wäre auch die Natur der Sache. Schau dir ein Weizenkorn an, es ist dazu da, um mindestens dreißig Körner hervorzubringen. Jesus will wirklich Frucht sehen. Stell dir vor: Er hat den höchsten Preis bezahlt, und wir drehen uns so fruchtleer im frommen Hamsterrad um uns selber? Er will ernsthaft, dass alle Menschen errettet werden und die Wahrheit erkennen! [1 Tim 2,4] Jesus sucht nach dieser Frucht, auch außerhalb der Saison. Er erwartet Frucht zu jeder Zeit.

Jesus erzählte ihnen dieses Gleichnis: „Jemand hatte in seinem Weinberg einen Feigenbaum. Jahr für Jahr sah er nach, ob der Baum Früchte trug. Aber da war nichts! Endlich rief er den Gärtner: 'Nach drei Jahren Fruchtlosigkeit – hau diesen Feigenbaum um. Er nimmt nur den Platz.' Aber der Gärtner bat: 'Gib ihm noch ein Jahr eine Chance! Ich will diesen Baum gut düngen und pflegen. Wenn er dann Früchte trägt, ist es gut; ansonsten kannst du ihn umhauen.'" [Lk 13,6-9]

Dieses Gleichnis lässt noch Raum für Veränderung. Es lädt dich ein: Kehr um, so lange noch Zeit ist!

Jesus hat nämlich ein echtes Problem, wenn wir keine Frucht bringen. Wir verunglimpfen sein Werk, wir machen unseren Gott lächerlich. Das kann er nicht auf Dauer so gelten lassen.

„Am nächsten Morgen, als Jesus nach Jerusalem zurückkehrte, bekam er Hunger. Da sah er am Wegrand einen Feigenbaum. Er ging hin, um sich ein paar Feigen zu pflücken. Aber er fand nichts als Blätter. (Erinnerst du dich, wofür Feigenblätter am Anfang in der Bibel gebraucht wurden?) Da sagte Jesus zu dem Baum: „Du sollst in Zukunft nie wieder Feigen tragen!" Im selben Augenblick verdorrte der Baum. Die Jünger ganz erstaunt: „Wie kommt es, dass der Feigenbaum so schnell vertrocknet ist?" Jesus erwiderte: „Wenn ihr wirklich glaubt und nicht zweifelt, könnt ihr nicht nur dies tun, sondern noch größere Wunder." [Mt 21,18-21]

Ich hoffe, dass es nicht gerade dieses Wunder ist, dass der Herr Jesus an deiner Kirche demonstrieren muss. Achte darauf, dass in deinem Leben und in deiner Kirche mehr hervorkommt als nur Blätter, die man hauptsächlich verwendet, um seine Blöße zu bedecken – eben um den Schein zu wahren.

Wir sind zur Fruchtbarkeit bestimmt. Wir sollen sogar viel Frucht bringen. In der Regel ist das aber nicht anstrengend. Die

Frucht wächst einfach so vor sich hin, wenn die Rahmenbedingungen einigermaßen stimmen. Wenn dann viel Frucht kommt, bekommt der Besitzer das Lob: „Toll, eine besonders gute Sorte!"

„Ich bin der wahre Weinstock", sagt Jesus, „und mein Vater ist der Weingärtner. Reben am Weinstock, die keine Trauben produzieren, schneidet er ab. Aber die fruchtbaren Reben beschneidet er sorgfältig, damit sie noch mehr Frucht bringen. Ihr seid schon gute Reben, weil ihr meine Botschaft gehört habt. Bleibt in mir und ich in euch! Wie die Rebe nicht von sich selbst Frucht bringen kann, sie bleibe denn am Weinstock, so auch ihr nicht, ihr bleibt denn in mir. Ich bin der Weinstock, und ihr seid die Reben. Wer bei mir bleibt, so wie ich in ihm, der trägt viel Frucht – wirklich viel Frucht. Denn getrennt von mir könnt ihr nichts tun – so seid ihr automatisch fruchtlos. Wer nicht in mir bleibt, verdorrt und wird abgeschnitten. Wenn ihr aber fest mit mir verbunden bleibt und euch meine Worte inspirieren, dürft ihr von Gott erbitten, was ihr wollt; ihr werdet es erhalten. Wenn ihr viel Frucht bringt und euch so als meine Jünger erweist, wird mein Vater durch euch verherrlicht." [Joh 15,1-8]

Was ist nun viel Frucht?

Schauen wir uns dazu ganz normale Beispiele in der Natur an: Ein Weizenkorn bringt mit einer Ähre 30 bis 40 neue Weizenkörner hervor. Besondere Sorten erreichen sogar über 100 Körner pro Ähre.

Ein erwachsener Apfelbaum bringt jedes Jahr etwa 250 Äpfel. Aus einem Apfel können wieder fünf Bäume entstehen. In einem durchschnittlichen Lebensalter sind dadurch aus einem Apfel 100.000 Äpfel entstanden. Gut, oder?

Jesus wird mit seinen Freunden am Rand eines Kornfeldes entlanggegangen sein. Er zog die Körner einer Ähre ab, als er ihnen dieses Gleichnis erzählte. So wird er dabei dreißig, sechzig oder gar hundert Körner in seiner Hand gehabt haben.

„Wer Gottes Wort weitergibt, ist wie ein Bauer, der Samen aussät. Mit dem festgetretenen Weg, auf den ein paar Körner fallen, sind die hartherzigen Menschen gemeint. Sie hören zwar Gottes Botschaft, aber dann kommt Satan und nimmt ihnen alles wieder weg. Der felsige Boden ist ein Beispiel für die Leute, die das Wort Gottes schnell und mit großer Begeisterung annehmen. Aber das Wort kann nicht tief genug in ihr Leben eindringen. Sie sind hin- und hergerissen. Wenn sie wegen ihres Glaubens in Schwierigkeiten kommen oder verfolgt werden, geben sie gleich auf. Der von Disteln überwucherte Boden entspricht den Menschen, die Gottes Botschaft hören und aufnehmen. Aber nur allzu schnell ersticken die Sorgen des Alltags, die Verführung des Wohlstandes und die Gier nach all den Dingen dieses Lebens Gottes Botschaft in ihrem Herzen, so dass keine Frucht wachsen kann. Aber es gibt auch fruchtbaren Boden: Menschen, die Gottes Wort hören und in ihr Leben aufnehmen, so dass es Frucht bringt, dreißigfach, sechzigfach oder hundertfach." [Mk 4,14-20]

Wenn bei einer Evangelisation keine nennenswerte Frucht erbracht werden konnte, höre ich öfter das Argument: „Ja, das war eben ein sehr steiniger Boden." Denkst du, dass ein Landwirt so blöde sein würde und auf steinigen Boden sät? Im Spätsommer kommt er dann plötzlich darauf, dass nichts gewachsen ist. „Oh je, so ein Pech, ich habe alles auf den steinigen Boden gesät." Beobachte einmal einen Landwirt. Was der nicht alles tut, um seinen Acker zu bestellen. Er bereitet den Boden auf, damit er den besten Boden hat. Wenn er dann die Saat ausbringt, dann sät er ganz gezielt auf den guten Boden. Nur an den Rändern fällt einiges auf festgetretenen und steinigen Boden oder unter Dornen. Von der Gesamtsaat sind das höchstens einige wenige Prozent. Dieser Ausschuss kann nicht der Rede wert sein.

Das Argument mit dem steinigen Boden kann ich nicht gelten lassen. Wir hörten das auch in Österreich: „Ein besonders harter Boden.“ Und doch haben in nur drei Tagen an die siebenhundert Menschen Jesus Christus um Vergebung ihrer Sünden gebeten. Prüfe lieber mal die Bodenbestellung in deiner kirchlichen Agrarabteilung! Wahrscheinlich liegt dort das Problem.

„Hört mir genau zu: Ein Weizenkorn, das nicht in den Boden kommt und stirbt, kann keine Frucht bringen, sondern bleibt ein einzelnes Korn. In der Erde aber keimt es und bringt viel Frucht, obwohl es selbst dabei stirbt. Wer sein Leben über alles liebt, der wird es verlieren. Wer aber bereit ist, sein Leben vorbehaltlos für Gott einzusetzen, wird es für alle Ewigkeit erhalten. Wer mir dienen will, der soll mir auf diesem Weg folgen. Denn wo ich bin, soll er auch sein. Und wer mir dient, den wird mein Vater ehren.“ [Joh 12,24-26]

Das Korn muss sterben, damit es Frucht bringen kann. Deine Umkehr ist daher der Schlüssel zu dieser Frucht. Buße ist dieses Sterben. Wenn du dem Heiligen Geist erlaubst, dich in die Buße zu führen, die auch die Früchte der Buße mit sich bringt, dann ist das die optimale Voraussetzung, fruchtbar zu sein. Wenn du das gemeinsam mit deinen Geschwistern in deiner Kirche tust, dann wird sich dieser Erfolg wunderbar multiplizieren.

Ihr werdet tatsächlich dreißig-, sechzig- oder sogar hundertfach Frucht bringen! Weniger ist nicht genug!

Das ist trotzdem nicht anstrengend, keine Angst. Bleib nur an der Quelle dran! Bleibe immer voll des Heiligen Geistes! Mit leerem Tank geht nichts. Wenn du umgekehrt bist, von diesem weit verbreiteten humanistisch-verbrämten Unglauben, dann wirst du deinem herrlichen, liebenden Gott zutrauen, dass er auch aus dir hervorbringen kann, was er mit einem einfachen Weizenkorn seit Jahrtausenden tut. Verdreißigt-, versechzigt- oder verhundertfachen! So wirst du zum Lobpreis deines Gottes! Das gibt ihm wirklich die Ehre. Alle staunen: Was für eine tolle Sorte!

„Weil du Gottes Barmherzigkeit so reich erfahren hast, fordere ich dich auf, mit deinem ganzen Leben für Gott da zu sein. Sei ein lebendiges Opfer, ein Korn, das in der Erde stirbt. Das ist dein vernünftiger Gottesdienst, und die angemessene Weise, auf seine Liebe zu reagieren.“ [Röm 12,1]

Diese acht Vorschläge zur Umkehr geben natürlich nur einen Teil der Bereiche wieder, in denen Umkehr für dich notwendig sein könnte. Wenn du nicht zurückhältst und dem Heiligen Geist den Raum dafür gibst, wird er dir sehr präzise zeigen, welche Richtungskorrekturen in deinem Leben dich in optimalere Übereinstimmung mit dem Willen des Vaters bringen. Wenn du den unnötigen Beigeschmack von Buße – Anklage und Schuldgefühle – überwunden hast, wirst du sehr schnell die befreiende schöne Wirkung genießen. Es ist eine Freude, wenn du immer deutlicher in Übereinstimmung mit dem Willen Gottes handeln kannst. Die Ergebnisse unterscheiden sich gravierend von allem Bisherigen. Alles, was daraus entsteht, bekommt die Bezeichnung „Made by God“. Das kommt „knapp“ vor „Made in Germany“ – es steht für eine ganz besondere Qualität.

Was muss geschehen, damit überdurchschnittliches Wachstum möglich wird?

Wenn wir etwas bauen wollen, ist es sinnvoll, ein gutes Fundament, eine stabile Grundlage vorzubereiten.

Wir kennen ja das Gleichnis mit dem Haus, das auf Sand gebaut ist. Für missionarische Aktivitäten werden meist viele Vorbereitungen getroffen, aber führen diese auch zu diesem unerschütterlichen Fundament, auf dem das Reich Gottes entsteht? Diese nachfolgenden Punkte zeigen Aspekte auf, die vielleicht in dieser Deutlichkeit nicht immer Berücksichtigung gefunden haben. Sie sind aber wichtig und entscheiden über das Ergebnis. Werden wir die zugesagte reiche Frucht – 30-, 60- oder 100-fach – erleben, oder mühen wir uns weiter mit dem frustrierende Kleckern herum? Es liegt nicht an Gott. Er hat alles Notwendige vorbereitet. Es liegt ausschließlich an uns, seinem Bodenpersonal, ob wir uns in Übereinstimmung mit seinem Willen bringen lassen.

Als Erstes stellt sich die Status-quo-Frage

Es ist notwendig, dass es Christen in deiner Stadt gibt, die mit dem Status Quo nicht zufrieden sind. Das ist ganz sicher nicht selbstverständlich. Eher ist es wahrscheinlicher, dass man sich mit den lauen Gegebenheiten zufrieden gibt und sich beruhigende Argumente zurechtlegt, warum der Leib Christi so schwach und zurückgezogen bleiben darf. Veränderungen haben immer etwas Unbequemes an sich.

Wo sind also die Christen in deiner Stadt, die nicht damit zufrieden sind, dass das veränderte Leben der Christen von der Mehrheit der Bevölkerung gar nicht wahrgenommen wird? Ideal wäre es, wenn besonders die Leiter der verschiedenen Kirchen diese heilige Unzufriedenheit bekämen.

Dabei geht es aber nicht darum, alles schlecht zu reden. Nur Mangel und Sünde müssen als solche klar benannt werden. Trotz vieler guter Dinge ist deutlich festzustellen, dass im deutschsprachigen Europa die Ausdruckskraft der Kirche im gesamten extrem ausgebremst ist: „...wenn das Salz aber seine Würzkraft verliert, womit soll es gesalzen werden? Es taugt zu nichts mehr, als hinausgeworfen zu werden." [Mt 5,13]

Auf der anderen Seite gilt es zu erkennen, was Gottes Absichten für die jeweilige Stadt sind. Nur die Probleme anzusehen wäre zu destruktiv.

Wenn z.B. nach einer Untersuchung in einer größeren Stadt im traditionellen „Bible-Belt" im Süden Deutschlands nur noch 0,8% der Menschen eine Kirche regelmäßig besuchen, dann kann man sicher nicht mehr von einem christlichen Land sprechen, 0,8% ist nur noch eine extrem kleine Minderheit. In dieser Gegend gibt es jedenfalls mehr gläubige Moschee-Besucher.

In den meisten Fällen sind aber diese Minderheits-Kirchen mit sich selbst so sehr beschäftigt, dass sie diesen dramatischen Zustand nicht immer wahrnehmen können oder vielleicht auch nicht wollen. Aber darum geht es: Zuerst müssen wir ehrlich erkennen, wo wir stehen – oder stecken.

Was muss geschehen, damit es in deiner Stadt überdurchschnittliches Wachstum der Christen gibt?

Du wirst zum Fürbitter

Wenn du siehst, wo wir stehen, dann wirst du zu Gott schreien: „Herr, erbarme dich über deinen Leib in unserer Stadt!“ Diese Not wird dich zum Fürbitter machen, du wirst anfangen, für die Stadt in den Riss zu treten. „Und ich suchte einen Mann unter ihnen, der die Mauer zumauern und vor mir für das Land in den Riss treten könnte, damit ich es nicht verheeren müsste; aber ich fand keinen.“ [Hes 22,30]

Wer in den Riss für etwas tritt, ist jemand, der erkennt, was Gott bereitet hat, feststellt, dass das, was hier läuft, weit davon entfernt ist und du jetzt im Gebet dafür eintrittst, dass die Verheißungen in die Umsetzung kommen. „Herr, hast du nicht verheißen? ...“ Dein Gebetsstil wird sich möglicherweise etwas verändern. Das fromme „Gesäusel“ wird sein Ende finden. „Danke, Herr, dass wir alle so nett beisammen sind ...“ und ähnlich leere Worthülsen. Mit der Veränderung der Sicht der Dinge wird dein Gebetsleben mitwachsen. Bisher hast du um Verschiedenes nicht gebeten, weil es dir nicht so deutlich vor Augen war. Daher hat so manches Gebet auch nichts bewirkt. „Ihr habt nichts, weil ihr nicht bittet; ihr bittet und empfangt nichts, weil ihr übel bittet.“ [Jak 4,2] Wenn etwas nicht dem

Willen des Vaters entspricht, können wir uns das Gebet dafür auch gleich sparen. Durch die zunehmende Kooperation mit dem Heiligen Geist wirst du so bitten, dass auch etwas dabei herausschaut! Du wirst beginnen, nach dem Willen des Vaters zu bitten, wie Jesus. Wenn du erkennst, was der Vater vorbereitet hat, dann kannst du auch ganz anders bitten. Dann gilt auch die Zusage: „Was immer wir bitten, empfangen wir von ihm, weil wir sein Wort halten und das vor ihm Wohlgefällige tun." [1 Joh 3,22]

Buße für die Probleme in deiner Stadt

Umkehr als Richtungskorrektur in den grundlegenden Bereichen unseres Glaubenslebens haben wir bereits ausführlich behandelt. Ich hoffe, du bist inzwischen auf den Genuss von Buße gestoßen.

Hier geht es um einen weiteren Schritt in die Buße, wenn wir die Gegebenheiten in unserer Stadt ehrlich anschauen. Die Ursache, warum der Leib Jesu in einer Stadt so schwach ist, liegt bei den Christen dieser Stadt. – Du bist einer von ihnen. Die Nachfolger Jesu haben die Autorität delegiert bekommen, in seinem Namen zu handeln. Das wurde weitgehend versäumt; daher ist im Laufe der Zeit einiges schief gelaufen. „Wir haben gewähren lassen." Dadurch sind inzwischen viele Bereiche unserer Gesellschaft mit Inhalten gefüllt, die zum Wort Gottes total konträr sind. Dafür brauchen wir nicht die anklagen, die Gottlosigkeit in unserem Land propagieren. Dafür sind wir Christen verantwortlich, weil wir bisher diesen Platz nicht mit der Herrlichkeit Gottes gefüllt haben, die Jesus uns hinterlassen hat. Wir Christen sind dafür verantwortlich. Wer sonst ist an Jesu statt hier?

Ist dir das zu schwarz-weiß? Jesus ist das Licht, das in die Finsternis gekommen ist. Die Natur des Lichts ist, dass es zur selben Zeit an dem selben Ort keine Finsternis geben kann. Das Licht triumphiert immer über die Finsternis, selbst wenn es nur ein kleines

Lichtlein wäre. Dieses Licht beeinflusst auch eine Gesellschaft. Nur, wenn das Licht unter einen Eimer gestellt wird – sprich, hinter Kirchenmauern versteckt ist –, dann ist die Wirkung ausgebremst. „Solange ich in der Welt bin, bin ich das Licht der Welt." Jetzt aber „seid ihr das Licht der Welt"; in einer Stadt, in der dieses Licht strahlt, kann es nicht verborgen bleiben ... [Joh 9,5+Mt 5,14]

Es geht hier nicht darum, wie viel Mikro-Lumen doch noch durch die Ritzen der Kirchenmauern dringen. Es geht um tiefgreifende Buße für schwerwiegende Versäumnisse über Jahrhunderte hinweg. Wer das Spannungsfeld erkennt, das sich aufbaut zwischen dem, was Gottes Wille für seine Stadt ist – und der verbreiteten Lauheit, dem subtilen Unglauben und dem massiven Stolz, der wird erschrecken. Können wir erkennen, wie sich seine Kirche dem Willen Gottes – oft durchaus unbewusst – entgegenstellt? Bittet daher, dass ein Geist der Buße dich und die Kirchen in deiner Stadt erfasst! Bittet um eine Haltung der Buße, die durchhält, bis die Früchte der Buße sichtbar werden.

Buße ist der Schlüssel, damit deine ganze Stadt auf den Willen Gottes ausgerichtet werden kann. Das gilt für das Leben jedes Einzelnen und erst recht für die Ausrichtung einer ganzen Denomination. Jede Kirche, die sich nicht regelmäßig einer Reformation unterzieht, hat viel angestaut, wovon es heute umzukehren gilt. Die Erkenntnis vom letzten Jahr ist heute nicht mehr „up to date" und verfällt schnell zur leblosen Tradition. Liegt jedoch die letzte Reformation bei einer Denomination bereits 500 Jahre zurück, dann haben sich dicke verhärtet Krusten gebildet. Welche Durchschlagskraft wird da wohl nötig sein?

Ganze Denominationen müssten umkehren – zum Beispiel von der Anmaßung, durch theologische Standpunkte Gott erklären zu wollen, wo es heute in einer modernen Welt lang geht. Du erinnerst dich an das Bild mit der Kirche, die mit dem Humanismus ins Bett gestiegen ist? Aber auch Freikirchen sind davon nicht verschont. In dem Bemühen, der Welt zu gefallen, sind Kirchen einige Kompromisse eingegangen – einige zu viel. Man kann dem Humanismus nicht mit dem Humanismus begegnen und meinen, auf diesem Weg auch das Evangelium zu vermitteln.

Wer mit diesem Virus in seinem Denken die Bibel liest, wird immer geneigt sein, aus sich heraus zu entscheiden, was man glauben kann und was nicht. Das sind die Bollwerke der Vernünfteleien, die sich laut Paulus gegen die Erkenntnis von Jesus Christus erheben [2 Kor 10,5]. Die Tragweite dieser Problematik ist nicht immer offensichtlich, weil sie sich über Jahrhunderte schleichend im Denken der Christenheit ausgebreitet und festgesetzt hat. Daher, „werde erneuert in deinen Sinnen" – hole dir das aktuelle „Update" des Denkens bei Gott ab, damit du seinen Willen überhaupt erkennen kannst! [Röm 12,2] Wenn wir im „Vater unser" beten „Dein Wille geschehe ..." wissen wir, was wir da nachsprechen?

Buße für die Haltung der Kontrolle Gott gegenüber – die Kontrolle, selbst alles in der Hand halten zu wollen. Wenn jemand wirkliche Kontrolle in allen Belangen hat, dann ist das Gott – und er hat uns dazu den Heiligen Geist gesandt, damit dieser uns lehrt und leitet. Nur wer sich vom Heiligen Geist leiten lässt, ist in der Lage selbst leiten zu können. Ein Leiter, der nicht selbst vom Heiligen Geist geleitet wird, ist eher eine Gefahr für die Menschen, die es mit ihm zu tun bekommen.

Deutschland hat sich im Laufe, der Kirchengeschichte besonders ausgezeichnet, den Heiligen Geist zu betrüben.

Meist resultiert das aus der Haltung, verbissen die Kontrollen in der Hand behalten zu wollen, um alles nach deutscher Gründlichkeit perfekt zu machen – das hängt aber sicher auch mit möglichen Machtansprüchen einer Denomination zusammen. Die Verschmelzung mit dem humanistischen Geist führt zu einer Theologie der eigenen (damit toten) Werke und eine solche Ideologie kann den Heiligen Geist nicht brauchen. Das kann zwar eine schillernde religiöse Form hervorbringen, es entbehrt aber der Kraft, [2 Tim 3,5] auf die die Jünger nach der Auferstehung von Jesus warten sollten – und auf die wir angewiesen sind, wenn wir irgend etwas im Namen Jesu bewegen wollen. Es geht um Buße für die Kraftlosigkeit, die die Christenheit zur Zeit repräsentiert und die Gott massiv entehrt.

Buße für das Gezänke und schlechte Reden zwischen den Denominationen. Gerade wegen dieser theologischen Kurzsichtigkeiten ist besonders im deutschsprachigen Raum ein tiefer Graben zwischen den sogenannten „Evangelikalen" und den „Charismatikern" entstanden und beibehalten worden. Zwei „Unworte", denn ein Evangelikaler, der von neuem geboren ist, was notgedrungen nur durch den Heiligen Geist geschehen kann, wäre damit plötzlich auch ein „Charismatiker". Es geht um die Buße, dass man sich dem Teufel zur Verfügung gestellt hat – ihm erlaubt hat, auf den harten Herzen von Leitern und Vertretern einseitiger Positionen Klavier zu spielen und zwar seine Lieblingsmelodie von Entzweiung und Uneinigkeit.

Wenn der Heilige Geist weiter so gedämpft wird, dürfen wir uns nicht wundern, dass auch die Fruchtbarkeit des Leibes Christi so gedämpft bleibt. Buße und Vergebung muss in der lokalen Situation sehr konkret und präzise Einzug nehmen dürfen.

Bedenke: Wenn ihr nicht vergebt, kann auch euch nicht vergeben werden! Das hat dramatische Folgen. Sprich Vergebung aus, wo dich diese Entzweiung selbst getroffen hat. Bitte um Vergebung, wo du an solchen Entzweiungen beteiligt warst. Lass dich nicht von gutem kirchenpolitischen Geplänkel zwischen den Denominationen täuschen – ein paar freundliche Worte bei einem Leiterfrühstück reichen da nicht aus. Gehe der Sache auf den Grund und tue Buße, bis die Früchte der Buße zu sehen sind.

Nur wer selbst in Buße lebt, wird anderen zur Umkehr helfen können – besonders denen, die das erste Mal vor dieser Entscheidung stehen – bei ihrer Bekehrung. Hier ist der Zusammenhang: Deine Buße wirkt sich sofort positiv auf die Fruchtbarkeit aus. Wenn keine Buße vorhanden ist, wird es auch schwer sein, andere zur Buße zu leiten.

Extrembeispiel: Ein Seelsorger, der selbst von Pornografie hingegeben ist, wird nicht in der Lage sein, einem anderen in der Seelsorge aus genau dieser Belastung heraus zu begleiten.

Ich wiederhole es immer wieder: Buße hat nichts mit „Sack und Asche" zu tun, es ist vielmehr die Haltung, die ständig zu einer Richtungskorrektur bereit ist. Das ist extrem erfrischend und befreiend. Wer ehrlich ist, weiß, dass er „die Weisheit nicht mit dem Löffel gefressen hat", sondern dass unsere Erkenntnis Stückwerk – und irren menschlich ist. Wenn wir das auch Christen anderer Denominationen zugestehen, wird alles gleich viel entspannter. ... und nicht überall, wo du anderer Meinung bist, liegst du richtig. Mit so manchem Unterschied will Gott möglicherweise deinen Mangel ausfüllen – und umgekehrt. Du hast etwas, was dem anderen fehlt – und die anderen haben sehr sehr viel, was dir fehlt.

Fassen wir noch einmal die wichtigsten Ursachen zusammen, von denen ganze Denominationen umkehren müssten, damit Mission einen fruchtbaren Boden bekommt:

- Historische und gegenwärtige Versäumnisse, wo man Haltungen und Ideologien gewähren ließ und der Gottlosigkeit in der Gesellschaft Platz gemacht hat.
- Dass wir nicht wirklich die Position an Christi statt mit der ganzen dafür vorgesehen Ausrüstung eingenommen haben.
- Dass wir das Licht hinter den Kirchenmauern verstecken.
- Lauheit, Unglauben und Stolz
- Sich dem Willen Gottes entgegengestellt zu haben.
- Reformations-Resistenz
- Theologische Überheblichkeit und Irrtum

- Kompromisse mit der Welt
- Kontrollanspruch, Machtgehabe und Manipulation
- Den Heiligen Geist weiterhin zu betrüben und sich gegen seine Leitung gestellt zu haben
- Tote Werke und Kraftlosigkeit
- Schlechtes Reden über andere Christen
- Entzweiung und Vortäuschen von oberflächlicher Einheit
- und weitere Punkte, die dir der Heilige Geist zeigen wird...

Du hast sicher schon mitbekommen, dass die Buße in diesem Buch sehr betont wird. Das „J" meines Mittelnames steht für Johannes. Als dieser rufe ich dir zu: „Tue Buße, das Reich Gottes ist nahe!" Es ist extrem nahe. Es ist nur um die Buße von dir entfernt. Mache Umkehr in deinem Leben zur höchsten Priorität – setzte dich dafür ein, dass das auch in deiner Kirche so geschieht. Der Heilige Geist hilft dabei, wenn ihm die Offenheit dafür signalisiert wird. Es ist so befreiend. Das bringt dich in Übereinstimmung mit dem Willen des Vaters. Es befreit dich von so manchem Irrtum.

Wenn du die groben Richtungskorrekturen abgeschlossen hast, dann ist dieser Geist der Buße wie ein hochsensibles Navigationsgerät. Du bist ständig online und erhältst an jeder Weggabelung den nötigen Richtungshinweis.

Nur voll des Heiligen Geistes kannst du etwas bewegen.

Wenn du Buße Raum gibst, geht das immer mit dem Heiligen Geist einher. Wo Umkehr möglich wird, da hilft der Heilige Geist sofort mit. Er freut sich über Buße! Wenn du ihn als Geist der Buße walten lässt, geht er sehr sachte, aber genau vor und bringt alles ans Licht, was für ein siegreiches Christenleben bisher hinderlich war.

„Der Heilige Geist wird den Menschen die Augen für ihre Sünde öffnen, für Gottes Gerechtigkeit und sein Gericht." [Joh 16,8]

Es ist wie bei der Läuterung von Gold. Das Edelmetall wird erhitzt, und die Schlacke beginnt sich vom reinen Gold zu trennen, schwimmt an der Oberfläche und kann ganz einfach abgeschöpft werden. „Ich rate dir, von mir im Feuer geläutertes Gold zu kaufen, damit du reich wirst." [Offb 3,18]

Ich betone es immer wieder: Das ist wohltuend, weil es dich von Hindernissen befreit. Lasse es unlimitiert zu. Es ist nur gut.

Jesus hat den Heiligen Geist als Entschädigung versprochen, weil er die Erde verlassen würde. Damit erfüllte er die Zusage: „Mir ist alle Macht im Himmel und auf Erden gegeben. Die Herrlichkeit, die der Vater mir gegeben hat, die habe ich euch gegeben. Ihr könnt sicher sein: Ich bin bei euch alle Tage bis ans Ende der Zeit." [Mt 28,18+20b Joh 17,22]

Dazwischen steht noch: „Geht nun hin ..."

„Ihr werdet Kraft empfangen, wenn der Heilige Geist auf euch gekommen ist; und ihr werdet meine Zeugen sein." [Apg 1,8]

Bereits zehn Tage nach dieser Ankündigung hat es sich erfüllt, und seither steht der Heilige Geist in mindestens dieser Dimension für alle zur Verfügung, die von neuem geboren wurden. „Und sie wurden alle mit Heiligem Geist erfüllt und fingen an, in anderen Sprachen zu reden, wie der Geist ihnen gab auszusprechen." [Apg 2,4]

Danach beschrieb man ein ganz normales Kirchenmitglied wie folgt: „Ein Mann voll Heiligen Geistes und Glaubens."

Kurze Zeit später: „...und sie wurden alle mit dem Heiligen Geist erfüllt und redeten das Wort Gottes mit Freimütigkeit." [Apg 4,31] Dieselben Leute wurden erneut erfüllt.

<u>Werde voll des Heiligen Geistes!</u>

Jesus hat auch dir das verheißen, damit du voll ausgerüstet bist für das, wozu du berufen bist – sein Zeuge zu sein –, nicht aus deiner Kraft heraus, sondern aus der übernatürlichen Kraft des Heiligen Geistes. Seit Pfingsten ist dies uneingeschränkt für jeden möglich, der glaubt. Wie es keinen zweiten Kreuzestod braucht, ist auch kein zweites Pfingsten nötig. Hole die Geschenke ab, die für dich bereit stehen.

Du kannst erfüllt werden und erfüllt werden und erfüllt werden, ... bis du voll des Heiligen Geistes bist und überquillst – um dann wieder frisch erfüllt zu werden ... !

Wenn hier „voll" steht, dann meint das Wort Gottes auch wirklich voll. Kinder wissen was „voll" bedeutet, nur die Weisen dieser Welt schreiben dicke Bücher, in denen sie erklären, warum man unter dem komplizierten Wort „voll", transzendent betrachtet, eigentlich „leer" verstehen muss.

Bitte nimm dir nicht Beispiele zum Vorbild, die nicht mal bodenbedeckt gefüllt sind und bereits großen Töne von sich geben. Nicht alles, was man „charismatisch" bezeichnet, ist als gutes Beispiel geeignet. So manches davon ist nur noch traditionierter Überrest aus vergangen besseren Zeiten.

Werde heute voll des Heiligen Geistes, damit du überfließt: „Wer an mich glaubt, wie die Schrift gesagt hat, aus dessen Inneren werden Ströme lebendigen Wassers fließen." [Joh 7,38] Damit bezog sich Jesus auf das, was ab Pfingsten durch den Heiligen Geist möglich wurde. Aber es ist nötig, dass du glaubst wie die Schrift sagt, nicht wie jene scheinheiligen Bibellehrer, die dir diese Erfüllung vorenthalten möchten. [Mt 23,13f]

Ohne die Erfüllung mit dem Heiligen Geist kannst du nicht sein Zeuge sein. Es reicht höchstens zum Geschichtenerzähler, der etwas aus dritter Hand weitergeben kann. Du sollst aber das Reich Gottes demonstrieren. Durch die Kraft des Heiligen Geistes in dir sollst du selbst zum Beweis der Größe und Herrlichkeit Gottes werden – aus erster Hand.

Damit Mission in deinem Umfeld möglich wird, brauchst du den Heiligen Geist.

Wenn du noch nicht mit dem Heiligen Geist erfüllt bist, dann hole das schleunigst nach. Wenn du dir darüber unsicher bist, dann ist das ein Zeichen dafür, dass du diese Erfüllung brauchst. Wer erfüllt ist, weiß, dass er erfüllt ist. Hier geht es nicht um einen besonderen Erkenntnisstand. Diese Erfüllung kannst du konkret erleben. Mindestens eine der Geistesgaben findet dadurch seinen Ausdruck in deinem Leben.

Hast du den Heiligen Geist empfangen, als du gläubig geworden bist? Nein? Wurdest du getauft, nachdem du gläubig wurdest? „... sie ließen sich auf den Namen des Herrn Jesus taufen; und als Paulus ihnen die Hände aufgelegt hatte, kam der Heilige Geist auf sie, und sie redeten in Sprachen und prophezeiten.“ [Apg 19,2-6]

Weil Jesus zum Vater gegangen ist, hat er den Heiligen Geist gesandt. Durch den Heiligen Geist kannst du wortwörtlich ein Nachfolger Jesu werden.

„Mit absoluter Sicherheit sage ich dir: Wer an mich glaubt, der wird auch die Werke tun, die ich tue, und wird größere als diese tun, weil ich zum Vater gehe. Und was du in meinem Namen bitten wirst, das werde ich tun, damit der Vater verherrlicht werde im Sohn.“ [Joh 14,12]

Akzeptiere nichts Geringeres als voll mit dem Heiligen Geist zu sein und Mission wird in der Dimension möglich, wie es sich der Erfinder der Mission vorgestellt hat!

Einheit, wie du sie bisher nicht gekannt hast

Geleitet vom Heiligen Geist und nach den ersten Umkehrergebnissen bekommt Einheit Schritt für Schritt eine neue Perspektive. Was sich dabei öffnet, hat nichts mehr mit den vorsichtigen Annäherungsversuchen zu tun, bei denen man sich um des lieben Konsenses willen schnell mit dem kleinsten gemeinsamen Nenner begnügt hat.

Die Einheit, die in den Herzen gegründet und vom Heiligen Geist geleitet ist, wird von großer Bedeutung sein, damit unsere Botschaft überhaupt glaubwürdig wird. Viele Versuche der Mission scheitern gerade aus diesem Grund, auch wenn es zu gewissen Formen der „übergemeindlichen" Zusammenarbeit kommt. Nach der Zusammenarbeit zieht sich jeder wieder in das Schneckenhaus seines eigenen Kirchenreiches zurück. Es ist auch immer wieder bemerkenswert, dass man Menschen eher zu einer Denomination bekehren möchte, anstatt sie schlicht für Jesus zu gewinnen.

Dramatisch ist es, wenn sich bei einer gemeinsamen Evangelisation nur einer bekehrt, der dann gevierteilt werden müsste, damit alle ihren Anteil bekommen. (Auch aus diesem Grund ist reiche Frucht erstrebenswert.)

Einheit, von der Jesus spricht, ist etwas ganz besonderes. Dort darf er selbst das Haupt seines Leibes sein. Dort sind die Glieder in ihrer vielfältigen Verschiedenheit an der richtigen Stelle zusammengefügt, damit sie zu ihrer

eigentlichen Funktion kommen können. Was hilft schon ein Ohr an der Wade?

Jesus bittet den Vater: „Lass sie eins sein, so wie wir eins sind, damit die Welt erkennt..." Wenn wir erlauben, dass dieses Gebet in unserer Stadt in Erfüllung geht, dann wird die Stadt auf einmal nahezu von selbst erkennen, was wir ihr bisher mit viel Mühe recht erfolglos vermitteln wollten. Daher ist Einheit für die Mission so elementar wichtig.

Kein Wunder, dass der Teufel alles daran setzt, dass diese Einheit nicht zur Entfaltung kommt. Nur die Christen in der Stadt können ihm da einen Strich durch die Rechnung machen. Wenn die Christen aber weiterhin in kleine Grüppchen aufgeteilt bleiben, die nicht die nötige „organische Liebesbeziehung“ haben, überlassen sie den Platz unnötigerweise einer bereits besiegten Fremdherrschaft. Dumm, oder?

Wir kennen ja die schönen Bilder: Eine Kette, die an zehn Gliedern getrennt ist, kann nicht das bewirken, wozu sie gedacht ist. Sie ist nämlich nutzlos. Die verschiedenen Kirchen und Denominationen mit ihren unterschiedlichen

Ausprägungen in einer Stadt sind auch nur ernsthaft wirkungsvoll, wenn sie miteinander verbunden sind, damit der gegenseitige Mangel ausgeglichen wird durch den jeweiligen Segensschwerpunkt, den jede einzelne Denomination mit sich bringt. Gott hat sich darauf festgelegt, dass er seine Segnungen in erster Linie durch Menschen in die Welt bringt. Wenn du denkst, dass er dabei eine spezielle Denomination bevorzugt, täuscht du dich. Alle verursachen ihm ähnliche Kopfschmerzen. Vielmehr benützt er all die fehlerhaften Teile wie eine Rohrleitung. Wenn alle Rohre in einer Stadt aneinandergereiht sind, können die Segnungen am besten gezielt und in großer Kraft durch sie hindurchfließen.

Hier höre ich schon die besonders eifrigen Hüter der Wahrheit, die in der Einheit nichts als Gefahren sehen – ihnen sei gesagt, dass sie auch nur über Stückwerk verfügen und möglicherweise an dem Irrtum einer Einseitigkeit leiden. Da sollten wir es ganz relaxed mit Paulus halten: „Und wenn ihr in irgendeiner Angelegenheit anders denkt, so wird euch Gott auch dies offenbaren.“ [Phil 3,15]

Durch den Geist der Umkehr wirst du in der Regel gnädiger. Du bist nicht mehr so stark auf die Fehler der anderen fixiert. Weil du bemerkt hast, wie viele Fehler an dir Korrektur ausgelöst haben, gestehst du anderen auch eher Fehler zu. Du hast selbst verstärkt Vergebung erfahren – in der Regel kannst du daher auch leichter anderen vergeben. Die zunehmende Leitung des Heiligen Geistes bringt dich vermehrt in Übereinstimmung mit dem Willen des Vaters. Dabei entdeckst du, dass der Vater mit dem Bruder und der Schwester einer ganz anderen Denomination auch etwas Spezielles vorhat. Du lernst es, Christus in dem anderen zu erkennen. „ich in ihnen und du in mir -, dass sie in eins vollendet seien, damit die Welt erkennt...“ [Joh 17,23] Du bemerkst plötzlich Christus in deinem Gegenüber, so wie Jesus das hier ausdrückt. Es erfüllt sich in deinem Leben. Es kommt zu dieser Einheit, um die Jesus den Vater so eindringlich gebeten hat. Das beginnt mit einzelnen Menschen und das wird auch verschiedene Kirchen untereinander erfassen. Dadurch wird die Welt erkennen, was du ihr in Worten nicht erklären kannst. Christus wird sichtbar.

Das löst neue Anbetung aus

Wenn du die Vorzüge dieser Einheit erlebst und dadurch mehr vom Herzen des himmlischen Vaters kennenlernst, dann wirst du einen Ausdruck für deine Dankbarkeit suchen. Dann wirst du ihn anbeten, wie du es bis dorthin noch nicht gekannt hast – höchstens von Erzählungen. Bisher haben wir – besser oder schlechter – christliche Lieder gesungen.

Aber Gott anbeten ist etwas Besonderes.

Wenn dir der Genuss von Buße vertraut wurde und dir den Weg nach vorne geöffnet hat, wenn Vergebung alle blockierenden Bänder durchtrennt hat, die dich aus der Vergangenheit festgehalten haben, dann hat sich in deiner Beziehung zum Vater im Himmel einiges verändert. Wenn du dem Heiligen Geist erlaubt hast, die volle Kontrolle zu übernehmen, wirst du merken, wie herrlich es ist, aus erster Instanz geleitet zu werden. Wenn du von einer Erfüllung mit dem Heiligen Geist zur nächsten kommst und in der Anwendung deiner Geistesgaben wächst, wenn du begonnen hast, die Qualität von Einheit zu erleben, für die Jesus gebetet hat, dann wirst du sehr reich gesegnet werden, aus Quellen, die dir bis dahin vorenthalten waren – durch viele verschiedene Geschwister unterschiedlicher Denominationen.

Für diesen Segen und diese Herrlichkeit wirst du einen passenden Ausdruck suchen: Anbetung. Anbetung im Geist und in der Wahrheit.

Kannst du dir vorstellen, was geschieht, wenn es den meisten anderen Christen in deiner Stadt genauso ergeht?

Gott wohnt im Lobpreis seines Volkes! [Ps 22,4] Gott ist dort auf ganz besondere Weise gegenwärtig. Wenn ein Mensch, der Gott noch nicht kennt, auf diese Weise in das „Wohnzimmer Gottes" kommt, braucht niemand mehr viel zu sagen. Er wird Gott unmittelbar kennenlernen.

Diese Anbetung ist wie das Licht auf einem Campingplatz – in Sekunden lockt es Insekten an. Wenn Anbetung in deiner Stadt ist, wird das Licht die Hungrigen anziehen und sie werden sofort und ausgiebig gesättigt.

Ich habe das selber erlebt, hier in Deutschland. Es ist nicht nur eine Vision für die Zukunft. All das kann hier und heute auch in deiner Stadt geschehen.

Diese sechs Punkte sind nichts Besonderes, sie sind nun über 2000 Jahre bekannt. Sie sind auch recht einfach, man braucht dafür keine „Gehirnverrenkung" und kein Universitätsstudium.

Als Erstes musst du dich aber dem Status Quo stellen. Nur wenn du Mangel ehrlich bekennst, wird er ausgefüllt werden können. Das wird dich in die Fürbitte führen. Du wirst zu Gott schreien. Denn wenn du siehst, wie erbärmlich sein Leib aufgestellt ist, wirst du Gott um Erbarmen anflehen. Du wirst selber von allen Vorbehalten umkehren wollen. Du wirst nicht länger selbst ein Hindernis für den Segen Gottes sein wollen. Durch den Geist der Buße wirst du mehr vom Heiligen Geist kennenlernen und du wirst dir von ganzem Herzen wünschen, von ihm erfüllt zu sein. Du wirst nicht mehr unter dem Niveau der Verheißungen Gottes leben wollen. Du wirst erkennen, wie vielfältig und herrlich sich Christus in Geschwistern anderer Denominationen erweist. Den Segen durch sie wirst du dir nicht mehr länger vorenthalten lassen. Du wirst in die Einheit des Geistes hineinwachsen, um die Jesus seinen Vater gebeten hat. Diese herrlichen Segnungen, diese Erfüllung wird dich in eine Dankbarkeit führen, die dich anbeten lässt, wie es dem allmächtigen Gott würdig ist.

Was von Gott kommt, ist immer sehr unkompliziert. Alles, was Jesus verheißen hat, ist seit damals verfügbar. Es wartet nur darauf, abgeholt zu werden.

Seine Frage bleibt: „Werde ich Glauben finden, wenn ich wiederkomme und wo sind die Arbeiter, die sich in die reife Ernte senden lassen?" [Lk 18,8; 10,2] Wie reagierst du darauf?

Wie kann Mission praktisch funktionieren?

Es ist eine Sache, ein Buch mit interessanten Gesichtspunkten, Erfahrungsberichten und geistlichen Erkenntnissen zu füllen. Eine andere Sache ist es, alles hier Gelesene auch in die Tat umzusetzen. Die spannende Frage lautet immer: Wie geht das praktisch?

Bleibe locker und werde übernatürlich!

Mit dem Wort Gottes fängst du nicht viel an, wenn du es nicht mit der zweiten Komponente verbindest, dem Glauben. „Das gehörte (gelesene) Wort nützt dir nichts, wenn du es nicht mit dem Glauben verbindest.“ [Hebr 4,2] Ohne Glauben geht mal gar nichts. Sogar Gottesdienstbesuch ohne Glauben wird zur Sünde – wer hätte sich das gedacht?

Ein großer Anteil in diesem Buch ist reiner Bibeltext. Du hast jede Menge an Möglichkeiten, diese zwei Komponenten zu einem kräftigen Mix anzurühren. Der Glaube ist dir jedenfalls bei deiner geistlichen Geburt in ausreichender Stärke als Grundausstattung mitgegeben worden. Du musst ihn nur gebrauchen, also anwenden. Glauben übersetzt sich besser mit Vertrauen. Du entscheidest dich ganz naiv zu vertrauen, dass der Gott, der Himmel und Erde gemacht hat, alles andere auch schafft, was er versprochen hat. Dazu kann es immer wieder nötig sein, dass du von Standpunkten deines Unglaubens Abstand nimmst. „Mit absoluter Sicherheit sage ich dir, wenn du nicht umkehrst und wie ein kleines Kind vertraust, kannst du keinesfalls in das Reich Gottes hinein." [Mt 18,3]

Da gibt es aber immer noch eine Steigerung, dann auch den Glauben, der keine praktischen Effekte hat, kann man in der Pfeife rauchen. „So ist auch der Glaube, wenn er keine Werke hervorbringt, in sich selbst tot." [Jak 2,14] Das bedeutet, sich fromm um sich selber drehen ist out. Jesus selbst hat immer wieder gesagt: „... dann glaubt mir wenigstens um der Werke willen, die ich tue." Die Werke bei Jesus haben es in sich gehabt. Da sind bei denen, die damit in Berührung gekommen sind, ganze Weltbilder ins Wanken geraten. Du kannst das genauso machen. Du bist ja ein Nachfolger von Jesus. Er ist zum Vater gegangen, und du bist jetzt da. „Du bist zu guten Werken geschaffen, die Gott vorher bereitet hat, damit du in ihnen funktionieren kannst." [Eph 2,10] Das ist leicht, aber auch gewaltig – die Dinge die Gott schafft, sind aber immer göttlich.

Du hast Geistesgaben als Werkzeug erhalten, um damit zu arbeiten. Wende sie bei allen Gelegenheiten an, besonders wenn du mit Menschen zu tun hast, die noch nicht die Errettung von Jesus Christus angenommen haben. Ein Wort der Weisheit und Erkenntnis zum Beispiel. „Woher wissen sie, dass genau das mein großes Problem ist?" Es ist doch schön, wenn dich jemand fragt – das ist immer besser, als ungefragt einen Menschen mit dem Evangelium zu beglücken. Heile die Kranken! In der Kraft des Heiligen Geistes kannst du etwas sehr Wirkungsvolles zur Gesundheitsreform beitragen. Übrigens ist in meiner Bibel Mission und Kranke heilen immer in einem Atemzug genannt. Wir sollten das in Deutschland auch nicht trennen, nur weil sich einige fragen: „Was ist, wenn nichts passiert?" Ich frage mich immer: „Was ist, wenn etwas passiert ...?" Da trenne ich immer zwischen seinem und meinem Bier. Dass Menschen geheilt werden, das ist immer sein Bier. Dass ich nicht kneife, das ist wiederum mein Bier. „Und die Zeichen werden denen folgen, die naiv wie Kinder glauben ... Kranken, denen sie die Hände auflegen, werden gesund werden." [Mk 16,18] Kranke gibt es in Hülle und Fülle. Frage einfach: „Darf ich für sie beten?" Nahezu alle sagen ja. Wenn du in so inniger Gemeinschaft mit dem Heiligen Geist bist, wie es seit Pfingsten für dich vorgesehen ist, dann zeigt er dir auch, was genau der Wille des Vaters für diese kranke Person ist. Er zeigt dir, was die eigentliche Ursache der Krankheit ist. Es könnte zum Beispiel Unvergebenheit sein. Dann führst du diesen Menschen dorthin, dass er Vergebung aussprechen kann. Meistens ist die eigentliche Heilung dann ein angenehmes Nebenprodukt.

Bitte den Vater im Himmel am Morgen, wenn du dich in seiner Gegenwart suhlst, dass er dir im Laufe des Tages solche praktischen Gelegenheiten gibt und dich durch die Kooperation mit dem Heiligen Geist ständig in Empfangsbereitschaft hält. Wenn diese Menschen die Werke sehen, die Gott durch dich tut, werden sie sicher einige Fragen haben. Dann ist es leicht, die passenden Antworten zu geben und sie mit Jesus persönlich bekannt zu machen. „... denen Rede und Antwort zu stehen, die euch nach eurem Glauben und eurer Hoffnung fragen." [1 Petr 3,15]

Bete konkret für einige Menschen

Welche Menschen aus deinem Bekanntenkreis sollen errettet werden? Unser Herr möchte, dass alle Menschen errettet werden und die Wahrheit erkennen und damit so richtig frei werden. [1 Tim 2,4; Joh 8,32] Du brauchst dich nicht um alle zu kümmern. Wähle eine für dich überschaubare Anzahl aus und vertraue Jesus, dass er das wirklich so meint, was Paulus an Timotheus geschrieben hat.

Gehe mal in einer stillen Minute alle deine Kontakte durch. Du wirst staunen, wie viele Menschen plötzlich vor deinen Augen erscheinen. Der Heilige Geist hilft dir dabei. Die Frau an der Kasse vom Laden in deiner Nähe taucht auf sowie eine vergessen gedachte Bekanntschaft aus einem Urlaub vor acht Jahren. Der Postbote, die Eltern eines Schulfreundes eines deiner Kinder, die Augenärztin, der Wohnungsvermieter, der Handwerker, der die Abflussrohre so super hingebracht hat, die Nachbarn natürlich, von der Arbeit fällt dir sicher auch jemand ein. Es ist erstaunlich, wie viele das sind. Schreibe sie auf eine „Gewinner-Liste" und ergänze diese, sobald dir neu alte Bekannte vor Augen kommen. Schreib die Namen nicht nur auf ein Blatt Papier, lass sie auch auf dein Herz geschrieben werden.

Der Herr will, dass diese Menschen gerettet werden. Du willst, dass diese Menschen gerettet werden – da kann eigentlich nichts mehr schief gehen! „Darauf kannst du dich verlassen: Gott erhört unsere Gebete, wenn wir ihn um etwas bitten, was seinem Willen entspricht. " [1 Joh 5,14]

„Was immer wir bitten, wird er uns geben, weil wir nach seinem Wort leben." [1 Joh 3,22]

Bete nur für diese Menschen. Mach dir keine Gedanken darüber, dass du sie bekehren müsstest. Das ist nämlich nicht der Fall. Du betest einfach nur – wie der Heilige Geist dir diese Menschen vor Augen führt und welche Anliegen er dir dabei in deine Gedanken gibt. Als Fürbitter trittst du dafür ein, dass diese Kluft, welche zwischen diesen Menschen und Gott besteht, beseitigt werden kann. Diese Menschen sind wie in einem Kerker, vielleicht sogar in Ketten gefesselt. Sie könnten gar nicht los kommen, wenn du sie einladen würdest: „Komme zu Jesus!" Deine Aufgabe ist es, in diesen Gebeten, die Fesseln zu lösen, den Kerker zu öffnen und eine Rettungsleine auszuwerfen.

„Der Geist des Herrn ruht auf dir. Der Herr hat dich berufen: Du rufst Freiheit aus für die Gefangenen, den Blinden sagst du, dass sie sehen werden und den Unterdrückten, dass sie bald von jeder Gewalt befreit sein sollen." [Lk 4,18]

Bete, dass diesen Menschen die Augen geöffnet werden, damit sie sehen und sich von der Finsternis weg dem Licht zuwenden und aus der Herrschaft des Teufels zu Gott kommen. [Apg 26,18a]

Der Heilige Geist zeigt dir, wodurch diese Menschen gefangen sind und er leitet dich an, wie du beten kannst, damit sie befreit werden können.

Zu gefangenen, blinden Menschen einfach locker flockig hingehen und ihnen irgendeinen netten frommen Spruch aufsagen, würde keine besondere Wirkung haben. Sonst hätten sie sich ja schon durch das „Wort zum Sonntag" bekehrt. Aber das ist leider nicht geschehen. All diese Menschen haben im tiefsten Herzen eine Sehnsucht nach Gott. Aber sie sind nicht frei, diese Sehnsucht so einfach zu stillen. Sie brauchen Helfer, dir für sie eintreten. Daher auch der Auftrag: „Gehet hin!" – Nirgends ist zu lesen: „Wartet, bis sie kommen." Daher werden Kirchen immer leerer, weil man dort damit rechnet, dass jemand kommt. Aber es kommen immer weniger.

„Ihr habt nicht mich erwählt, sondern ich habe euch erwählt und euch dazu bestimmt, dass ihr hingeht und Frucht bringt und eure Frucht bleibe, damit, was ihr den Vater bitten werdet in meinem Namen, er euch gebe." [Joh 15,16]

Er hat dich sogar dazu bestimmt, dass du hingehst. Die anderen können nicht, sie sind gefangen. Du hast die Schlüssel, sie zu befreien – indem du den Vater bittest und er wird dir alles dazu Nötige geben.

Ist das nicht spannend? Du sitzt am Hebel. Du hast die Macht delegiert bekommen, Gefangene zu befreien!

Wenn es dir nicht zu viel Arbeit ist, führe ein Gebetstagebuch. Du kannst später nachvollziehen, wie dein Vater im Himmel deine Gebete erhört hat. Du wirst Zusammenhänge deutlicher sehen, wie der Heilige Geist dich geführt hat und wie du selbst gewachsen bist und immer genauer im Willen Gottes beten konntest. Das wird deinen Glauben stärken und dich ermutigen, deinem Gott noch mehr zuzutrauen.

In der Zwischenzeit wirst du diese Menschen mit anderen Augen sehen. Du wirst etwas von der Liebe des Vaters für sie spüren, und das wird ohne Anstrengung von dir ausstrahlen, wenn du dem einen oder anderen wieder einmal „zufällig“ über den Weg läufst. Du wirst diese Menschen nun als solche sehen können, für die Jesus Christus auch den unermesslich hohen Preis bezahlt hat. Du verspürst den tiefen Wunsch, dass diese Menschen „gerettet werden aus der Macht der Finsternis und versetzt werden in das Reich des Sohnes seiner Liebe.“ [Kol 1,13]

Das alles ist kein Stress für dich. Es fließt über. Nur, was du hochpumpen musst, wird mit der Zeit anstrengend. „Mein Joch ist sanft, und meine Last ist leicht“, sagt Jesus dir. [Mt 11,30] Weißt du noch, was ein Joch ist? Das hat der Bauer früher benützt, um zwei Ochsen vor den Karren zu spannen. Wenn du unter seinem Joch bist, dann ist es für dich in der Tat leicht. Jesus ist auf der einen Seite und du auf der anderen. Er hat alle Macht und Gewalt über Himmel und Erde und du den Rest, der noch fehlt... Verstehst du, warum dieses Joch für dich leicht ist?

Auf diese Weise betest du nun für sieben, elf oder vielleicht sogar sechzehn ganz verschiedene Menschen. Einige sind dir deutlicher vor Augen als andere. Bei einigen fällt es dir leichter zu beten, weil du deutlicher siehst, wie du beten sollst. Du solltest diese Liste nicht wie eine Gebetsmühle betätigen: Täglich einmal oder sogar mehrmals herunterspulen. Lass dich vom Heiligen Geist leiten und folge den Schwerpunkten, die er setzt. Du wirst dich in einer bestimmten Zeit auch mal auf Einzelne konzentrieren. Schritt für Schritt dienst du diesen Menschen im Unsichtbaren. Du durchtrennst Fesseln bis hin zu dem Punkt, dass durch dein Gebet Gefängnistüren aufgehen.

Mach dich nun bereit, dass du einzelnen dieser Menschen, die du auf deiner „Gewinner-Liste" hast, live mit der Liebe Gottes begegnen kannst. Bitte den Vater, dass sich ganz natürliche Gelegenheiten ergeben, bei denen du die Liebe Gottes demonstrieren kannst, ohne irgendetwas Frommes sagen zu müssen. Lass es zu den Werken des Glaubens kommen, die für sich selber sprechen. Sei bereit, diesen Menschen ganz einfach zu dienen. Das können ganz simple Handreichungen sein: Ein offenes Ohr bei einer Tasse Kaffee, ein praktischer Rat, der durch die Weisheit Gottes genau ins Schwarze trifft. Da gibt es so viele Möglichkeiten. Sei einfach du selber und rechne mit der Zusammenarbeit des Heiligen Geistes. Er wird nicht lange auf sich warten lassen, bis du eine deiner Geistesgaben anwenden kannst. Sicher wirst du dabei herausgefordert. Es ist ganz natürlich, dass du manchmal Schiss bekommst. Dein innerer Schweinehund wird dich wahrscheinlich zum Kneifen überreden wollen. An solchen Punkten spielt sich unter anderen der Kampf des Glaubens ab. „...und das ist der Sieg, der die Welt überwunden hat: unser Glaube." [1 Joh 5,4] „Kämpfe den guten Kampf des Glaubens; hole dir den Siegespreis, zu dem du berufen worden bist. Erinnere dich immer wieder daran, dass du dich vor vielen Zeugen klar und offen zu deinem Glauben bekannt hast." [1 Tim 6,12]

Wenn du das alles umsetzt und dich auf diese Herausforderung unter der Leitung des Heiligen Geistes einlässt, dann ist das absolut super. Du wirst begeistert sein, dein Glaube wird wachsen und du wirst ein deutlich fröhlicher Christ sein. Die Freude am Herrn wird zu deinem Markenzeichen werden.

Aber wirklichen Einfluss auf die fruchtlose Situation in Deutschland nimmt das noch nicht. Du wirst auf diese Weise wahrscheinlich drei bis fünf Menschen für Jesus gewinnen. Das ist absolut spitze und im Himmel gibt es Party für jeden einzelnen davon. [Lk 15,7] Aber was ist mit den neunzig Millionen anderen Menschen, nur im deutschsprachigen Europa? Wenn in einem Gebiet, das man als „Bible-Belt" bezeichnet, nur 0,8% der Bevölkerung einigermaßen regelmäßig einen christlichen Gottesdienst besuchen, wie wird dann erst der Gesamtdurchschnitt sein?

Die Kraft von Zweien oder Dreien

„Wenn zwei von euch übereinkommen, irgendeine Sache zu erbitten, so wird sie ihnen von meinem Vater im Himmeln gegeben. Denn wo zwei oder drei versammelt sind in meinem Namen, da bin ich in ihrer Mitte." [Mt 18,19f]

Es ist klar: Drei schaffen mehr als einer. Dazu bräuchten wir die Bibel nicht. Hier ist aber noch ein göttliches Geheimnis verborgen, das es zu lüften gilt.

In Gebetsversammlungen wird immer wieder ausgesprochen: „Herr Jesus, wir sind hier mehr als drei, danke dass du jetzt mitten unter uns bist ..." Als ob Jesus nicht zählen könnte. Oder „Wir zwei kommen für einen Mercedes SLK überein", jetzt muss der Vater im Himmel schauen, wo er schnell einen her bekommt, oder? Das ist doch keine Zauberformel, welche man dummerweise gelegentlich anzuwenden versucht. Nur weil zwei oder drei Christen das gleiche

Gebetsanliegen haben oder auf ein Ziel hin zusammenarbeiten, ist das noch nicht die Voraussetzung für die Erfüllung dieser herrlichen Verheißung.

Übereinkommen bedeutet nicht, einer Meinung sein. Dabei geht es darum, dass mindestens zwei oder drei vom Heiligen Geist in einer Sache einen übereinstimmenden oder ergänzenden Eindruck unabhängig voneinander erhalten haben. Selbst der heiligste Gläubige kann sich irren. Ein menschlich starker Leiter boxt gelegentlich auch seinen eigenen Willen ganz schön schnell durch. Genau dafür hat Gott eine Sicherheitsvorkehrung getroffen, die wir leider all zu oft missachten. „...damit aus zweier oder dreier Zeugen Mund jede Sache bestätigt werde!“ [Mt 18,16] Der Heilige Geist möchte dir diese Sicherheit geben. Dazu brauchst du aber Glaubenspartner, Mitstreiter, Gebetskumpanen, oder wie immer du diese auch bezeichnen willst. Es sollen solche Geschwister sein, die sich auf die Leitung des Heiligen Geistes einlassen wollen. So erlebst du die Gegenwart Gottes auch stärker. Es ist menschlich nicht wirklich möglich, dass drei unterschiedliche Typen von Menschen, ohne darüber zu diskutieren, übereinstimmende Eindrücke erhalten. Auf diese Weise kommst du in präzise Übereinstimmung mit dem Willen Gottes – und was immer ihr dann bittet, es wird euch werden!

Gott selbst hält sich an dieses Prinzip der Bestätigung.

„Denn es sind drei, die es auch bezeugen, dass Jesus der Sohn Gottes ist: der Geist und das Wasser und das Blut; und die drei stimmen völlig überein.“ [1 Joh 5,7f]

Wie viel mehr haben wir diese Bestätigung nötig?

Dann lesen wir, diese drei sollten „in meinem Namen“ unterwegs sein. Wenn jemand am Ende seines Gebets „im Namen Jesu“ anhängt, heißt das nicht unbedingt, dass das Gesagte gerade auch tatsächlich mit seinem Namen zu tun hat. Hier handelt es sich eher um eine Qualitätsbezeichnung. Bist du in seiner Autorität unterwegs, als Botschafter einer bestimmten Regierung – natürlich des Reiches Gottes, um in einer fremden Nation hier auf der Erde etwas auszurichten?

Es wäre sehr effektiv, wenn du dir zwei Partner in dieser Sache suchst. Ermutigt euch gegenseitig, die Zusagen Gottes in Anspruch zu nehmen. Sprecht euch Mut zu, dem Vater zu vertrauen, dass er auch umsetzen kann, was er versprochen hat. Bittet um diese gegenseitig Erfüllung mit dem Heiligen Geist. Segnet euch gegenseitig. „Deshalb ermutigt einander und erbaut einer den anderen, wie ihr auch tut!" [1 Thess 5,11]

„Nütze die Zeit! Die Tage sind böse. Darum versteht, was der Wille des Herrn ist! Berauscht euch nicht, sondern werdet voller Geist, indem ihr zueinander in geistlichen Liedern redet und dem Herrn mit eurem Herzen singt und spielt! Sagt allezeit für alles dem Gott und Vater Dank!" [Eph 5,16-20]

Wenn zwei oder drei durch den Heiligen Geist zusammengestellt werden, dann ist das keine Addition. Wenn du dem Heiligen Geist freien Lauf lässt, dann bildet ihr in dieser Dreierschaft so etwas wie einen kleinen geistlichen Atomreaktor. Einer von euch erreicht tausend, zwei erreichen zehntausend [5 Mo 32,30]. Wie viele erreichen dann drei, nach dieser göttlichen Mathematik? Dieses Zahlenspiel soll nicht dazu dienen, um abzuheben und auf irgendwelche sonderbaren Dinge abzufahren. Das soll dir nur veranschaulichen, was ausgelöst werden kann, wenn drei, geleitet vom Heiligen Geist, eins werden und tun, was sie erkennen. Es ist so viel mehr als alle lauen Christen zusammen in einer Stadt, getrennt voneinander, bisher zu Wege gebracht haben. Damit will ich keinen Christen beleidigen, sondern ich will ihn vielmehr herausfordern, seine Gnadengeschenke abzuholen, auszupacken und anzuwenden. Denn: „Nicht jeder, der zu mir Herr, Herr! sagt, wird in das Reich Gottes hineinkommen, sondern nur, wer den Willen meines Vaters tut.“ [Mt 7,21] Ich erinnere an den ersten Teil des Buches: „Tue Buße, denn das Reich Gottes ist dir extrem nahe!“ Ich bitte wirklich darum: Verschwenden wir keine weitere Zeit mehr dafür, um die himmelschreiende Lauheit in der Christenheit irgendwie zu rechtfertigen. Nur Umkehr kann die Devise sein.

Es gibt diese Partner in deiner Stadt. Nimm dir die Zeit, sie zu suchen. Investiere in diese Beziehungen. Das lohnt sich für dich selbst und hat ein gigantisches Segenspotenzial für deine Stadt. Suche die Gemeinschaft! Sprecht über das, was in der Bibel für euch frisch von besonderer Bedeutung wurde. Erzählt euch gegenseitig, was ihr individuell mit eurem Herrn Jesus erlebt habt. Betet gemeinsam für die Menschen auf der Gewinnerliste. Du wirst diese Zeiten richtig schätzen lernen. Da bewegt sich plötzlich einiges. Die Gaben des Geistes werden wachsen. Ihr erlebt zunehmend mehr mit eurem Gott. Die Menschen, für die ihr mit der Leitung des Heiligen Geistes eintretet, werden sich nach und nach bekehren.

Wenn das Unvorstellbare geschieht und ganze Kirchen erfasst werden.

Wenn doch in deiner Kirche jedes Mitglied in diese Position geführt werden dürfte! Wenn der Kleinste in eurer Gemeinde viel größer wäre als der größte Prophet des alten Bundes [Mt 11,11] Und wenn der Größte in eurer Gemeinde der größte Diener wäre. [Mt 23,11]

Viele werden mir jetzt sicher gerne auf die Schulter klopfen wollen und mich beruhigen: „Mann, bleib cool, sei doch realistisch. So etwas hat es doch noch nie gegeben.“

Nur weil wir das bei uns noch nicht erlebt haben, höre ich nicht auf, naiv an das zu glauben, was das Wort Gottes uns als Standard vorlegt. Vertrau gemeinsam mit mir, dass der Gott, der Jesus aus den Toten auferweckt hat, auch die toten Gebeine seiner unzählig aufgeteilten Denominationen zusammenfügt, mit Fleisch überzieht und mit seinem Geist füllt.

„Der Herr führte mich im Geist hinaus und ließ mich ein großes Gebiet voller Gebeine sehen. Es waren sehr viele und sie waren total vertrocknet. Er stellte mir die Frage: Menschensohn, werden diese Gebeine wieder lebendig? Ich antwortete: Du weißt es, Herr. Er forderte mich auf: Prophezeie über diese Gebeine und sprich zu ihnen: Ihr vertrockneten Gebeine, hört das Wort des Herrn! Ich erfülle euch mit meinem Geist, dass ihr wieder lebendig werdet. Und ich lege Sehnen an euch, lasse Fleisch darüber wachsen und überziehe euch mit Haut, und ich gebe meinen Geist in euch, damit ihr wieder lebendig werdet. Und ihr werdet erkennen, dass ich der Herr bin. Und ich prophezeite, wie mir befohlen wurde. Da entstand ein Geräusch, ja ein regelrechtes Getöse; und die Gebeine rückten zusammen, Gebein an Gebein. Und ich sah, wie die Sehnen an ihnen entstanden und Fleisch wuchs. Haut zog sich über sie; aber es war noch kein Geist in ihnen. Und er forderte mich auf: Weissage dem Geist, weissage, Menschensohn, und sprich zu dem Geist: So spricht der Herr: Komm von den vier Winden her, du Geist Gottes, und hauche diese Erschlagenen an, dass sie wieder lebendig werden! Da prophezeite ich, wie ich angeleitet wurde; und der Geist Gottes kam in sie, und sie wurden wieder lebendig und standen auf ihren Füßen, ein riesiges Heer.“ [Hes 37,1-10]

Ich habe keine Ahnung, wie das gehen soll. Menschlich gesehen sieht es nicht so konstruktiv aus. Positionen, Hierarchien, Gremien. Aber vielleicht wirst du über deiner Kirche prophezeien und die Knochen werden zusammengefügt, mit Sehnen und Haut ausgestattet und schlussendlich auch mit dem Heiligen Geist erfüllt. Sprich aus über deiner Kirche, was der Wille Gottes ist und es wird werden.

In der Prophetie des Hesekiel ging es um ein großes Gebiet, das voller toter Knochen war. Das wird wohl mehr als nur deine Kirchengemeinde betreffen. Es geht sicher um alle Christen aus den verschiedensten Denominationen in deiner Stadt.

Er sah, wie all die losen, klapprigen Knochen zusammengefügt wurden. Das muss ein Bild gewesen sein! Du kennst sicher Filme, die den Zerbruch z.B. einer Vase verkehrt herum ablaufen lassen. Du siehst, wie sich die verstreuten Scherben wieder zusammensetzen. So kann ich mir das mit den vertrockneten Knochen vorstellen. Einzelne Splitter und Teile – plötzliche steht ein komplettes Knochengerüst da. Laue trockene eingeschüchterte Christen – plötzlich werden sie zusammengefügt. Etwas Starkes wird daraus!

„... zur Ausrüstung der Heiligen, damit sie ihren Job ordentlich ausführen können, für die Zusammenfügung des zerstückelten Leibes, bis wir alle zur Einheit des Glaubens kommen und zur Erkenntnis, wer Jesus Christus heute wirklich ist, zum vollen Maß der Reife. Es sollte ein Ende haben, dass wir wie Unmündige von manipulativen Lehren und betrügerisch ersonnenem Irrtum ins Schleudern kommen. Der Geist Gottes wird uns in die Wahrheit führen – lasst uns diese gegenseitig in Liebe sagen und in allem mit dem Haupt – Christus – verbunden sein. Nur aus ihm wird der ganze Leib zusammengefügt – oder stell dir einen Leib ohne Kopf vor – und verbunden durch jedes unterstützende Gelenk, entsprechend der vorgesehenen Wirksamkeit. Das ermöglicht das Wachstum des Leibes und wird seine Liebe zur vollen Entfaltung bringen.“ [Eph 4,12-16]

Wie soll das nur geschehen? Paulus hat das vor bald zweitausend Jahren an die Epheser geschrieben. Hat er sich geirrt?

„Christus liebt seine Gemeinde so sehr. Er hat für sie sein Leben gegeben, damit sie ihm ganz gehört, nicht irgendeiner Organisation. Durch den Vor-, Haupt- und Nachspülgang des Wortes hat er sie von aller Schuld gereinigt. Er hat sie heilig gemacht, damit er die Gemeinde für sich selbst verherrlicht erscheinen lässt, die weder Flecken noch Runzeln oder etwas dergleichen hat, sondern heilig und tadellos sei." [Eph 5, 25-27]

Christus will seine Braut und nicht irgendeine beschränkte Denomination! Und es ist absolut sicher, dass er sie bekommen wird – genau in dem Zustand, wie Paulus es hier beschreibt. Die Frage ist nur: Lässt sich deine Kirche entsprechend „liften", damit sie ohne diese Runzeln dafür bereit ist?

Wie eine Kirche für die „Brautschau" hergerichtet werden kann, beschreibt Paulus im Kapitel 4, vor dem Vers 12. Er beschreibt die Fünf-Säulen-Kosmetik, die absolut jede Haut strafft und alle Flecken, Warzen und Runzeln beseitigen.

Nachdem wir eben erst die besondere Stabilität des geistlichen „Dreibeins" erkannt haben, kommt nun die ultimative Steigerung der 5-Säulen-Komponente hinzu:

„... damit die Braut würdig gestylt werden kann, hat er einige als Apostel, andere als Propheten, wieder andere als Evangelisten, dazu noch ein paar Hirten und Lehrer als Team zusammengestellt. Alle zusammen dienen zur Ausrüstung der Heiligen damit sie den ultimativen Auftrag ausführen können, und als Braut wirklich etwas hergibt, damit verbunden zur Einheit des Glaubens gelangt und den Sohn Gottes in seiner Fülle erkennt, – das volle Maß der Reife gelangt." [Eph 4, 10-13]

Die Nachfolger von Jesus wollten es immer schon wissen: „Wer ist denn der Größte im Reich Gottes?" [Mt 18,1] Wer will nicht der Größte sein? Dass der Größte unter euch euer Diener sein sollte, hat noch nicht an der nötigen Attraktivität gewonnen. [Mt 23,11] Wer ist der Erste in deiner Kirche?

Dieses Dilemma hat einen recht alten Ursprung.

„Das Volk forderte von Samuel: Setze nun einen König über uns, wie ihn alle Heiden haben. Das missfiel Samuel und er betete zum HERRN. Der Herr antwortete: Sie haben nicht dich, sondern mich verworfen, dass ich nicht mehr König über sie sein soll." [1 Sam 8,5+7]

In vielen Kirchen ist der Pastor der Chef. Eine Struktur, die ungünstigerweise noch jede Reformation überlebt hat. Jesus Christus hat doch ein ganz anderes Konzept vorgesehen. „Er, der uns liebt und uns von unseren Sünden erlöst hat durch sein Blut und uns zu königlichen Priestern seinem Gott und Vater gemacht hat: Ihm sei die Herrlichkeit und die Macht in Ewigkeit. [Offb 1,5f]

Hier lesen wir: Alle sind Priester.

Er hat in der Gemeinde einige als Apostel eingesetzt und andere als Propheten, noch einige als Evangelisten, wieder andere als Pastoren und Lehrer, und alle zusammen zur optimalen Ausrüstung der Gemeindeglieder, damit sie das Werk des Glaubens voll und ganz ausführen können – für den Aufbau des Leibes Christi, bis die voneinander getrennten Teile zusammengefügt sind und wir alle zur Einheit des Glaubens gelangen und den Sohnes Gottes in seiner Fülle erkennen, damit wir im Glauben erwachsen – Christus gleich werden. [Eph [4,11ff]

Es ist verständlich: Wenn Gott einen Fünfzylinder-Motor vorgesehen hat, kann das Vehikel nur tuckern und stottern wie ein alter Traktor, wenn gerade mal ein Zylinder zündet.

Fünf ist eine unvorstellbare Steigerung von drei. Du erinnerst dich an das mathematische Beispiel einige Seiten zuvor? Wie viel erreichen fünf, die in der Gemeinschaft mit dem Heiligen Geist leben und dadurch den Willen des Vaters tun?

Wir haben unterschiedliche Denominationen, weil ein Leiter seine von Gott gegebenen Dienstausrichtung bevorzugt hat. Er hat es versäumt, mindestens Partner mit den vier anderen Dienstprägen für das Leitungsteam zu suchen. So gibt es eben Kirchen, die eine deutlich evangelistische Prägung haben, andere konzentrieren sich auf die Lehre. In anderen wird die Prophetie überbetont. Gottes Absicht ist es aber, dass alles fünf zusammen seinem Leib zur Verfügung stehen und dass Jesus Christus der König sein kann.

Als die Briefe an die Gemeinden in Kleinasien verschickt wurden, war keine komplizierte Mailing-Software nötig. Ein einziger Brief ging an die Gemeinde in Ephesus. Man kann davon ausgehen, dass diese Gemeinde damals etwa fünfzigtausend Mitglieder gehabt hat. Wen würde dieses Schreiben erreichen, wenn es z. B. an die Gemeinde in Frankfurt adressiert sein würde? Ginge es an die lutherische Landeskirche, an die Baptisten, an die Methodisten, an die Adventisten, an das Christliche Zentrum Frankfurt oder eine andere der hundert möglichen Adressen. Vielleicht lassen sich zusammen zehntausend finden, die zur Gemeinde von Frankfurt gehören. In Ephesus waren es möglicherweise 25% der Bevölkerung, in Frankfurt werden es keine 2% sein.

Wenn der Motor wieder auf allen fünf Zylinder läuft, wenn die Zündkerzen gereinigt sind und der Heilige Geist am Steuer sitzt, dann wird der Leib Christi auch in Deutschland in die Funktion kommen, für die er eigentlich geschaffen wurde.

Zusammenfassung für den praktischen Teil

Wenn etwas von dem Buch in die Tat umgesetzt werden soll, dann wird es bei dir geschehen müssen. Solltest du warten, bis es bei jemand anderem beginnt, dann wartest du in der Regel umsonst. Der beste Start ist, wenn du deine Bedürftigkeit eingestehst. Bist du arm im Geist, dann ist das Reich Gottes etwas für dich! [Mt 5,3] Wenn du meinst, du hast es bereits super drauf, dann ist das die Ursache, warum du nicht genug bittest. Und du hast nichts, weil du nicht bittest. [Jak 4,2f] „Gott widersteht den Hochmütigen, den Demütigen aber gibt er Gnade." [Jak 4,6] Du willst doch nicht, dass Gott dir widersteht, oder?

Kehr um und werde wie ein Kind, dass seinem Papa uneingeschränkt vertraut, dass dieser hält, was er verspricht – hier in diesem Leben und an dem Ort, an dem du jetzt lebst.

Erlaube dem Heiligen Geist, die Leitung zu übernehmen. Werde voll des Heiligen Geistes – richtig voll – nicht nur etwas charismatisch! So voll, dass du überfließt und tatsächlich Ströme – nicht Tropfen – lebendigen Wassers von dir fließen. Stell dir ein Weinglas auf deinem Tisch vor. Gieße Wein hinein und lass es einfach fließen. In Kürze läuft es über dem Glasrand hinaus und rundherum auf dem Tisch wird alles voller Wein. Die Hausfrau wird aufschreien ... Genau so ist der Effekt mit dir in der Welt, wenn du einfach überfließt. Alle um dich herum bemerken es und du hast dich nicht einmal angestrengt.

„Die Jesus vertrauen, werden überfließen!" [Joh 7,38] Das ist keine Erfindung von mir, das hat Jesus selber gesagt und bezog sich dabei auf die Erfüllung mit dem Heiligen Geist. Er hat dir viel, viel mehr versprochen. Nimm es doch bitte an und gebrauche es!

Schreibe dir die Namen von Menschen auf die „Gewinnerliste", die du von Herzen gerne mit Jesus bekannt machen möchtest, damit sie nicht für immer verdammt bleiben. Mach das zusammen mit dem Heiligen Geist ohne Stress! Bete für sie und beginne nach einiger Zeit, deine Geistesgaben an diesen Menschen auszuprobieren.

Suche dir zwei Partner, die die Ganzherzigkeit und Intensität dieses Prozesses mit dir teilen wollen. Genießt zusammen die Gemeinschaft mit dem Heiligen Geist. Dient euch gegenseitig mit dem, was er euch gibt. Zusammen werdet ihr ein kleiner geistlicher Atomreaktor.

Ermutige auch andere Geschwister in deiner Kirche und anderen Denominationen, deinem Beispiel zu folgen. Erzähle, was dieser Prozess in dir ausgewirkt und verändert hat. Wie es so die Art des Heiligen Geistes ist – er begeistert!, so wirst du diese Begeisterung mit offenem Herzen ganz leicht weitergeben können.

Ob nun alle Gemeindeglieder deiner Kirche diese herrliche Ausrüstung ergreifen, ist nicht in deiner Verantwortung. Du kannst dafür aber anhaltend beten, auch über die Perspektive deiner Kirche hinaus. Bete für die verschiedenen Kirchen in deiner Stadt! Natürlich wäre es gigantisch, wenn der Heilige Geist den Raum bekäme, damit er tun darf, wofür er bereits seit zweitausend Jahre ausgesandt ist. Wäre doch schade, wenn er in deiner Stadt weiter in der Warteschleife kreisen müsste. Es wäre unvorstellbar herrlich, wenn sich gerade in deiner Stadt erfüllen würde, wofür Jesus so eindringlich gebetet hat: „Damit sie eins seien, so wie ich eins mit dir bin, Vater, damit die übrigen Menschen in dieser Stadt erkennen, dass du mich gesandt hast." Das wünsche ich dir von ganzem Herzen.

Wie kann eine Großveranstaltung fruchtbarer werden?

Wichtig ist immer, dass wir tun, was der Wille des Vaters ist. Es ist nicht jedes gut gemeinte missionarische Projekt automatisch im Willen Gottes.

Die persönliche Evangelisation ist das eigentliche Non-Stop-Programm. Auch wenn das nur selten praktiziert wird, ist es ohne Unterbrechung vorgesehen. Das könnte der ganz normale Lebensstil eines jeden Christen sein. Jeder kann das in seiner individuellen Ausdrucksweise tun. Dazu braucht er keine Sonderbeauftragung – nur etwas Liebe für die Menschen, die ansonsten für ewig verdammt blieben.

Für eine Großveranstaltung braucht man in erster Linie eine Gebetsstrategie. Dafür ist ein Team von Betern nötig, die in hörendem Gebet geübt sind. Man kann das auch prophetisches Gebet nennen – wie auch immer. Dabei geht es darum, dass man der Leitung des Heiligen Geistes sehr genau folgen kann. Unsichtbare Hindernisse für die Veranstaltung erkennen und im Gebet entsprechend beseitigen, das ist die Devise. Diese Gebetsarbeit braucht genügend Vorlaufszeit und sollte mindestens wöchentlich stattfinden. Diese Zusammenkünfte beginnen mit Lobpreis und Anbetung und gehen direkt ins Gebet über. Ankündigungen und Erklärungen werden aufs Äußerste eingeschränkt. Geübte Beter bewegen die Anliegen auch in der restlichen Zeit und kommen bereits mit konkreten Eindrücken und Perspektiven zum gemeinsamen Gebet. Mit der Qualität des Gebets steht oder fällt das geistliche Gelingen der Veranstaltung. Das entscheidet, wie hoch der Anteil der Besucher ist, die Jesus noch nicht als ihren Erretter kennen. Ist die Gebetsarbeit schwach, kommen fast nur Christen zu der Evangelisations-Veranstaltung.

Management und Werbung müssen professionell sein, aber das alleine würde nur eine erfolgreiche weltliche Veranstaltung hervorbringen.

Der Buße-Faktor: Wieweit die Christen der beteiligten Gemeinden so einer Veranstaltung gelernt haben, anhaltend in Buße/ Umkehr zu leben, wirkt sich unmittelbar auf die Bekehrungsrate der Veranstaltung aus. Nur wenn wir selbst in Buße leben, können wir anderen effektiv dienen, die erste Umkehr zu Jesus zu vollziehen. Ist Buße kein besonderes Thema, dann bekehren sich fünf oder zehn Menschen, wie das ja leider all zu oft das traurige Ergebnis ist.

Menschen, die zu einer Evangelisation kommen, haben in der Regel das Bedürfnis, echte Antworten auf Lebensfragen zu bekommen. Daher darf damit gerechnet werden, dass sich alle, die gekommen sind, auch bekehren. Also: Wenn 50% der Besucher kirchenferne Menschen sind, dann würden sich auch die 50% bekehren, wenn die beteiligten Christen im Genuss anhaltender Buße leben. Bei der Veranstaltung vor langen Jahren in Österreich war das der Fall. Bei der Veranstaltung vor kurzem in Göppingen, war der Anteil der Ungläubigen zwar höher, was dem Gebetsteam gute Arbeit attestiert, aber nur etwa 30% von ihnen folgte dem Aufruf. Das lässt darauf schließen, dass Buße in den beteiligten Gemeinden noch nicht so etabliert ist.

Die Qualität der Einheit unter den Gemeinden steht für den Zustand des Fischernetzes. Ist es engmaschig und reißfest? Das entscheidet, wie viele von den frisch bekehrten unmittelbar in verbindlicher Gemeinschaft in die Jüngerschaft geführt werden können.

Die Qualität der Einheit ist noch deutlich am schwächsten ausgeprägt von diesen drei hier genannten Erfolgsindikatoren. Denominationen, die sich nicht für die Einheit des Geistes zur Verfügung stellen, werden auf dramatische Weise zur „Anti-Baby-Pille“ des Leibes Christi und wirken ohne es zu wissen und auch zu wollen, aktiv an geistlichen Abtreibungen mit.

Da lohnt es sich, wieder an die Abschnitte in diesem Buch zurückzukehren, in denen die Umkehr von Uneinheit und die Vorzüge von der Einheit, um die Jesus gebetet hat, behandelt werden.

Epilog

Schön, wenn du bis hierher ans Ende des Buches gefolgt bist.

Viele Themen sind nur angerissen worden. Ich wollte bewusst nicht zu sehr ins Detail gehen. Für einzelne Themen gibt es auch schon genügend Bücher; da ist kein weiteres nötig.

Ich hoffe, es ist mir gelungen, dass du den Status-Quo des Christentum nicht mehr so gelassen hinnimmst. Kannst du die Diskrepanz sehen zwischen dem, was der Leib Christi in unserem Land darstellt und dem, was das vollkommene Werk Jesu für uns jetzt und hier verfügbar gemacht hat? Ich hoffe, ich konnte den Schrei in deinem Herzen auslösen, der Gott um Erbarmen anfleht und sich für Veränderungen bereithält.

Umkehren ist das zentrale Anliegen dieses Buches. Der Ruf auch an dich: „Kehre um, das Reich Gottes ist so nahe! Verfehle es nicht. Auch nicht um nur ein Grad." Wenn du auf den Genuss der Buße stößt in diesem Buch, dann wäre schon das Wesentliche erreicht.

Dann gilt es in Deutschland, das Kriegsbeil gegen den Heiligen Geist zu begraben. Begrabe alle deine Vorstellungen und einseitigen Lehren und erlaube ein frisches Update. Nimm das Wort Gottes, den Heiligen Geist betreffend, einfach so, wie es da steht und zeitunabhängig bis heute gültig ist. Werde voll des Heiligen Geistes, nur so macht Christsein Freude.

Buße und Heiliger Geist – das sind die Schlüssel, wie Mission möglich wird – im Kleinen wie im Großen.

Dieses Buch ist ein offenes Buch. Ich habe vieles noch nicht erkannt und brauche von allem noch viel mehr. Ich laufe dieses Rennen, das Paulus beschreibt. Auf dieser Strecke habe ich vor allem das Ziel vor Augen. Dazu muss ich immer wieder Entscheidungen treffen und angebotene Kompromisse ablehnen. Das ist manchmal recht hart, weil es so aussieht, als würde man jemanden vor den Kopf stoßen. Das muss aber nicht sein. „Und wenn ihr in irgendetwas anders denkt, so wird uns Gott auch dies offenbaren. Doch wozu wir gelangt sind, zu dem lasst uns auch halten!“ [Phil 3,15f] Wie ist es dir damit ergangen?

Ich würde mich freuen, von dir zu hören. Was hat das Buch in deinem Christenleben ausgelöst? Aber ich bitte auch um Korrektur, Ergänzung und konstruktive Kritik. Dieses Buch ist ein Prozess-Buch. Ich stehe in dem Prozess – und ich hoffe, es führt dich auch in diesen Prozess. So lange wir auf dieser Erde unterwegs sind, sollten wir diesen Prozess nicht stoppen – nur beschleunigen.

Am Ende müssen wir es daran messen: Wie viele Menschen von der Finsternis in das Reich des Sohnes seiner Liebe versetzt werden konnten? Die Frucht zählt – und wir sollen wirklich viel Frucht bringen.

Peter J. Ischka peter@ischka.com

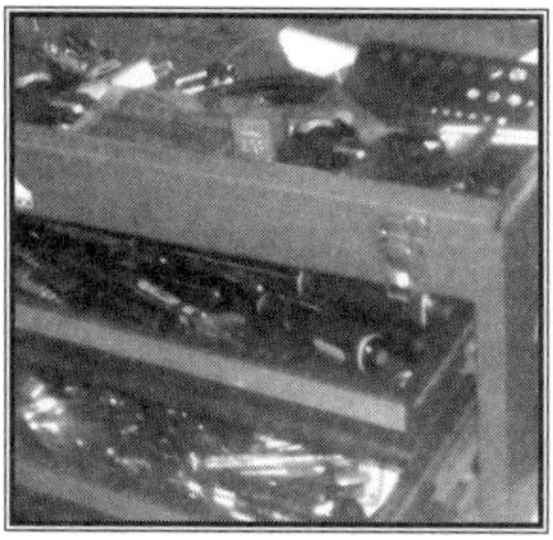

Ein kleiner Werkzeugkasten

Für die Umsetzung unserer Mission brauchen wir auch das richtige Werkzeug. Wenn die Grundlagen gut gelegt sind, die Zusammenarbeit mit dem Heiligen Geist nicht gebremst ist, dann ist eine gute Ausgangsbasis gelegt, Werkzeuge wirksamer einzusetzen zu können.

Wenn du in deinem Auftrag, Gefangene freizusetzen und Blinden die Augen zu öffnen, in deinen Gebeten für einige Menschen auf deiner „Gewinner-Liste" vorangekommen bist, kannst du diese mit der rettenden Botschaft in Berührung bringen. Bei einer passenden Gelegenheit kannst du ihnen ein nettes Geschenk machen. Der Geburtstag und ganz besonders Weihnachten ist dafür ein idealer Zeitpunkt. Verpacke das Geschenk nicht nur in ein geschmackvolles Papier, sondern wickle es in Liebe und stecke etwas Süßes dazu.

Alle diese Werkzeuge bekommst du im christlichen Buchhandel, oder direkt bei der Agentur PJI UG (siehe Impressum Seite 2).

Eine gute Kostprobe vom Evangelium ist „Test it!"

Es handelt sich um einen Auszug aus dem Neuen Testament. Die Aufforderung „Test it!" spricht für sich. „Schau mal rein und finde heraus, ob das etwas für dich ist", kannst du dein Gegenüber fragen. Das Lukasevangelium berichtet vom Leben Jesu, Auszüge aus der Apostelgeschichte zeigen, dass es danach immer noch so powervoll weiterging. Die Teile aus dem Brief an die Römer unterstreichen die Einzigartigkeit des Werkes Jesus – die Gnade – wodurch sich der Glaube an Jesus von jeder Religion unterscheidet. Erfahrungsberichte und Erklärungen helfen dem ungeübten Bibelleser, einen guten Einstieg zu finden.

Du kannst natürlich auch „Das lebendige Buch" verwenden, ein komplettes Neues Testament mit vielen Erfahrungsberichten und Erkärungen. Auch das ist weiterhin verfügbar.

Lukas, Apg. und Römer – genau richtig für den ersten Test. Mit vielen Erklärungen und Bildern »Hoffnung für alle«
Pb, 208 S., 10,8x18,5 cm
Best.-Nr. **453.002.510**
nur **€ 2,50** • ab 10 Stk. à **€ 2,40**
ab 50 Stk. à **€ 2,10**

„Das lebendige Buch"
komplettes NT »Hoffnung für alle«
Pb, 512 S., 10,8x18,5 cm
Best.-Nr. **453.002.000**
nur **€ 3,95** • ab 10 Stk. à **€ 2,95**
ab 50 Stk. à **€ 2,45**

Jeder soll wissen, was Ostern bedeutet?

Für uns ist es das wichtigste Fest – die Passion Christi. Hätte er nicht alle Sünden und Krankheiten mit sich auf das Kreuz getragen, gäbe es keine Errettung. Die Botschaft vom Kreuz ist das Zentrum unserer Verkündigung, auch wenn das für manche nicht so zeitgemäß erscheint. „Denn das Wort vom Kreuz ist denen, die verloren gehen, Torheit; uns aber, die wir gerettet werden, ist es Gottes Kraft.“ [1 Kor 1,18]

Daher verkündige das Wort vom Kreuz, durchaus zu jeder Zeit. Gerade an Ostern ist es in jedem Fall sehr angebracht.

Zu der Zeit ist ein Frühlingsgruß sicher willkommen. Man schenkt sich bunte Eier und die ersten Blüten. Gib doch ein Buch dazu! Wie wäre es mit dem Thriller „Die Passion“?

Ich habe in diesem Buch alle Bibeltexte, die die Passion Christi betreffen, zusammengestellt, angefangen mit Jesaja 53. Alles, was die Evangelien sagen und die Briefe unterstreichen. Auf die Verszahlen habe ich verzichtet. So liest sich dieser reine Bibeltext in der flüssig lesbaren Übersetzung „Hoffnung für alle“ tatsächlich wie ein Thriller. Verkündige damit Christus, den Gekreuzigten!

„Der Text zur Passion“ Alle Texte der Bibel über die Passion Christi aus Altem und Neuen Testament kompakt und spannend in einem Buch zusammengefasst.
Pb, 176 S., 11,5x19 cm, Best.-Nr. **453.003.118**
nur **€ 2,95** • ab 10 Stk. à **€ 2,50** • ab 50 Stk. à **€ 2,–**

Wenn es in deiner Stadt ein funktionierendes Netzwerk unter den verschiedenen Kirchen gibt, dann wäre das etwas Starkes für deine Stadt:

Das „City-NT“

Ein Neues Testament für deine Stadt

So eine Sonderausgabe des Neuen Testaments ist eine sehr kreative Möglichkeit, das Wort Gottes neu zu verpacken und in deiner Stadt wieder zum Thema zu machen. Die Öffentlichkeit und die Medien reagieren positiv darauf. Es gibt einen guten Impuls, die Einheit unter den Christen in dieser Stadt deutlicher sichtbar zu machen. So ein Projekt kann auch für jedes Gemeindeglied der beteiligten Kirchen zum Ansporn werden, gerade die, in diesem Buch vermittelten Impulse, konkret anzuwenden.

Jedes Gemeindeglied erhält eine kleine Anleitung, einige seiner Bekannten auf besagte „Gewinnerliste“ zu setzen, zu beten und sein Herz für einen Liebesdienst vorzubereiten, so wie es in dem Kapitel „Bete konkret für einige Menschen“ beschrieben wird. Meistens braucht es ein halbes Jahr, bis so ein City-NT redaktionell zusammengestellt ist. Das ist eine gute Zeit für diese Gebetsvorbereitung. Wenn es auch Raum für Buße, Heiligen Geist und zunehmende Einheit gibt, dann ist das die beste Voraussetzung dafür, dass auf guten Grund gesät werden

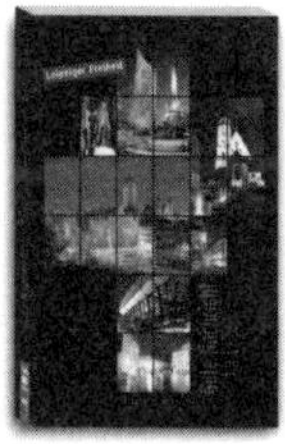

wird. „Dreißigfach“ gilt nach wie vor als Mindestangebot von unserem Herrn. Durch so ein City-NT werden schnell mal zehntausend Menschen auf sehr persönlichem Weg erreicht – und für jeden wurde im Gebet eine Brücke gebaut. Das Buch ist dann nur noch der Dominostein, der anstößt, weil zuvor einiges in den Herzen bewegt wurde.

Ein City-NT kann ab einer Auflage von 3.000 Stück hergestellt werden. Bei bisherigen Projekten, haben sich Unternehmer als Sponsoren eingebracht. Damit wurden die Kosten für die Kirchen stark reduziert. Das ist überdies eine sehr preisgünstige Form Menschen nachhaltig zu erreichen.

Ein City-NT ist ganz einfach zu realisieren. Es braucht nur ein kleines entschlossens Team vor Ort, den Rest erledigt „Mission is possible“. Es hat sich über die Jahre doch einiges an Erfahrung angesammelt.

Weitere Informationen dazu: www.mission-is-possible.de/city-nt/

Liebe deinen nächsten Türken wie dich selbst!

Es leben über drei Millionen Türken in Deutschland. Die meisten sind Muslime. Hier in Deutschland sind sie deutlich gläubiger als in türkischen Großstädten. Es gibt verstärkt Diskussionen wie hoch die Minarette ihrer Moscheen sein dürfen, und wie laut der Muezzin fünfmal am Tag zum Gebet rufen soll. Wir aber haben die Kreuze aus den Klassenzimmern entfernt, damit sich kein Muslim beleidigt fühlen muss. Wir haben auch manches andere aufgegeben, was als Zeichen einer christlichen Nation gewertet werden könnte. Unsere Kirchen werden hauptsächlich als Sightseeing Points von Touristen besucht, – tausende Moscheen sind hingegen voll von gläubigen Muslimen. Die Türkei war einst ein christliches Land – wie Deutschland auch einmal eines war – du erinnerst dich ? Luther und so...

In der Türkei kommt es vor, dass Missionare im Gefängnis landen oder sogar mit ihrem Leben bezahlen.

Aber eines ist sicher:
Jesus liebt alle Türken – liebst du sie auch?

Das Tolle ist, dass du nicht weit reisen musst, um Türken das Evangelium, das Incil, zu bringen. Die nächste Dönerbude ist so nah. Türken sind sehr gastfreundliche Menschen. Lass dich auf die eine oder andere Begegnung ein. Nimm dir aber etwas Zeit dafür. Türkische Menschen sind nicht so hektisch wie die Deutschen. Da

geht nicht alles so zack, zack. Man trinkt erst mal Tee und sieht dann, was sich ergibt. Vermeide Diskussionen, welche Religion besser wäre. Sei einfach ganz praktisch. Bete für einen kranken Türken. Mohammed hat keine Kranken geheilt. Gib einfach das Incil weiter, als Kostprobe. Du musst wissen, Türken sind sehr empfänglich für Träume – Jesus begegnet ihnen vermehrt auf diese Weise. Dein freundlicher Kontakt und deine Gebete können dafür bereits der Auslöser werden. Das macht es für dich entspannend. In solchen Träumen bekommen sie meist die Antwort auf ihre Fragen, über die du lange fruchtlos hättest diskutieren müssen.
Mission ist möglich! Ja, hier ist sie sogar dringend notwendig.

Das türkische-deutsches Lukas-Evangelium, Pb, 160 S.; 10,5x 15,7 cm;
Best.-Nr. **453.005.023**

	nur € 2,50	ab 10 Stk. à	**€ 2,20**
ab	20 Stk. à **€ 2,00**	ab 50 Stk. à	**€ 1,80**

Weitere Information: www.mission-is-possible.de/tr-info/

Halloween ist der Renner!

Schau mal im Herbst in die Geschäfte! Das Business boomt – bald so toll wie an Weihnachten. Hier geht es um Leben und Tod. Da können wir als Christen doch mitreden, oder?

Das Thema Tod wird gerne verdrängt oder mit den spooky „Spielereien" von Horrorfiktionen und eben Halloween-Parties überdeckt.

Die Evangelisation mit dem Thema „Ich war tot" hatten wir um die Halloween-Zeit angestzt. Jetzt steht das Buch mit DVD zur Verfügung, das dieses eindrucksvolle Zeugnis von Ian McCormack wiedergibt.

Er starb als Sunnyboy beim Tauchen durch die giftigste Qualle. Fast alles hat er ausgekostet, was die Welt so unter „Leben" versteht. Durch Drogen war ihm der damit verbundene Horror auch nicht fremd. Im Todeskampf erinnerte er sich an einen Ausspruch seiner Mutter: „Wenn du in wirklicher Not bist, dann rufe zu Jesus." Da er nicht wusste, wie er das tun sollte, erschienen ihm wie eine Leuchtschrift einzelne Teile des Vaterunsers. Er betete es von ganzem Herzen. In letzter Sekunde erfuhr er Vergebung seiner Schuld. Er war fünfzehn bis zwanzig Minuten tot. In seinem Zeugnis erzählt er, was er in dieser Zeit erlebt hat. Von totaler Finsternis wurde er in unvorstellbares Licht gezogen. Er hat Jesus erlebt. Durch sein Zeugnis konnten bisher zehntausende Menschen Jesus als Ihren Erlöser kennenlernen.

Auf der beigepackten DVD ist die Aufzeichung des letzten Abends, der im vorderen Teil des Buches geschilderten erfolgrei-

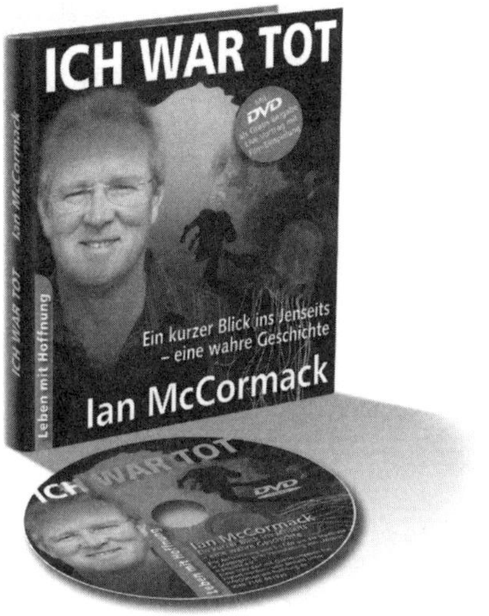

chen Evangelisation. Zwei Drittel der Besucher waren keine Insider. Auf der DVD wurde der Vortrag mit Ausschnitten aus dem Film „A Glimpse of Eternity“ hinterlegt. In Australien wurde eine DVD von dem Film, der dem Zeugnis nachgestellt wurde, in großer Stückzahl weitergegeben. Tausende Menschen haben dadurch Jesus gefunden.

Besonders esoterisch interessierte Menschen werden dadurch angesprochen. Eine Ausstellung auf einer Esoterikmesse, ist immer ein schönes Erlebnis. Dabei kann dieses Buch mit DVD gut zum Einsatz kommen.

„Ich war tot“ Buch & DVD, Hardcover, 96 S.; 13,5x 16,7 cm;
Best.-Nr. **453.103.715**

	nur € 12,50	ab 10 Stk. à	**€ 9,95**
ab	20 Stk. à **€ 9,50**	ab 50 Stk. à	**€ 8,95**

Mehr zum Buch und zur Veranstaltung: www.leben-mit-hoffnung.de

Alle Jahre wieder!

Weihnachten ist die einzige Zeit im Jahr, zu der alle über Jesus reden. Gut, sie meinen meist nur das Baby, aber da können wir ja den Horizont etwas erweitern. Weihnachten ist eine Evangelisationstür. Wenn wir die nicht nützen, dann wäre das wirklich dumm.

Wenn du an Weihnachten etwas von Jesus sagst, wirst du nicht gleich in die Sektierer- oder Fundamentalisten-Schublade gesteckt. Sage es allen deinen Freunden und Bekannten, wer Jesus heute wirklich ist. Es ist einfach die passende Gelegenheit dazu.

Ich habe zu diesem Zweck eine Reihe von mehrseitigen Weihnachts-Grußkarten entwickelt, welche, immer in einer anderen Geschichte verpackt, erklären, wer Jesus inzwischen wirklich ist und dass es am besten wäre, das Geschenk anzunehmen, dass Gott uns in Jesus gemacht hat.

Im Internet kannst du alle Karten mit dem ganzen Inhalt sehen. Wähle die, die am besten für deine Freunde passen.

Das ist für eine Kirche oder einem funktionierenden Kirchen-Netzwerk in deiner Stadt eine gigantische Möglichkeit.

Die Kirchen laden mit der Karte zu einem evangelistischen Weihnachtgottesdienst ein, natürlich als erstes über die persönlichen Kontakte der Mitglieder, dann aber auch in alle Haushalte im Radius von mindestens fünfhundert Metern rund um die Kirche. Die meisten haben zuvor vielleicht noch nie mitbekommen, dass da eine Kirche in der Nähe ist.

Wenn das viele Kirchen machen, wird die Karten-Story zum Stadt-Thema. Das Titelbild kann als Plakat und Transparent an vielen Ecken zu sehen sein. Mit der Aufschrift: „Die Christen der Stadt wünschen Ihnen gesegnete Weihnachten!“

So einfach und preiswert kann durchdringende Mission in deiner Stadt sein.

Es gibt bisher acht verschiedene, dieser mehrseitigen Weihnachtskarten. Jedes Jahr kommt eine neue dazu. Alle Karten findest du im Internet. Du kannst sogar den ganzen Inhalt einsehen, damit du entscheiden kannst, welche Sorte für deine Freunde die beste ist.

Zum Inhalt aller Karten: www.mission-is-possible.de/wgb/

Besonders günstige Staffelpreise, damit man großzügig damit arbeiten kann:
Karton geheftet, 12, 16 oder 20 S.; 10 x 21 cm;
Best.-Nr.: **je nach Sorte siehe Internet**

nur	**€ 1,50**	ab 20 Stk. **à**	**€ 1,20**
ab 50 Stk. **à**	**€ 0,90**	ab 100 Stk. **à**	**€ 0,60**
ab 500 Stk. **à**	**€ 0,45**	ab 1000 Stk. **à**	**€ 0,30**

Was tun, mit den vielen Kranken?

Gesundheit ist ein besonderes Thema in Deutschland. Wer wird sich Gesundheit bald noch leisten können? Das ist eine gute Herausforderung für uns Christen. Kehren wir doch zurück zu dem Auftrag, den Jesus seinerzeit übergeben hat: „Verkündet das Evangelium des Reiches Gottes und heilt die Kranken!" Wenn wir dem Auftrag gerecht werden - die Ausrüstung dazu haben wir ja - dann könnte der Leib Christ eine Gesundheitsreform anbieten, die es in sich hätte.

Herr Ewers, beschreibt in seinem Buch, welche vielfältigen positiven Erfahrungen er und sein Team mit dem Gebet für Kranke gemacht haben. Viele „austherapierte Fälle", also Menschen, die von der klassischen Medizin aufgegeben wurden, sind geheilt.

Er zeigt Zusammenhänge auf, die helfen, Reaktionen des Körpers und der Seele besser zu verstehen. Ein Buch, das Mut macht.

Ärzte und Psychologen kommen zu Wort und internationale Studien zeigen, dass auch die Wissenschaft Heilung durch Glauben sehr ernst nimmt. Das Buch stärkt deinen Glauben und ist auch als mutmachendes Geschenk gut geeignet.

Gebunden, 128 Seiten, 11 x 18 cm
Best.-Nr. **453.103.710** **nur € 10,–**

Peter J. Ischka

Er ist Gründer und Vorstand der Organisation „Mission is possible e.V. Verheiratet mit Britta, haben sie drei erwachsene Kinder. Als Österreicher leben sie seit 1996 in Baden-Württemberg.

Ausgebildet zum Maschinenbau-Ingenieur, hat Peter J. Ischka bald in den kreativen Medien- und Kommunikationsbereich gewechselt.

Er war in Österreich in Gemeindegründung und -leitung im freikirchlichen, charismatischen Bereich tätig. Besonders missionarische Erfahrungen in der Türkei haben sein Glaubensleben entscheidend geprägt. Er hatte das evangelistische Magazin „Extrablatt" herausgegeben, was zum Auslöser des Standortwechsels nach Deutschland wurde. Über zehn Jahre war er Direktor der Internationalen Bibelgesellschaft in Deutschland (IBS). In dieser Zeit hat er das City-NT entwickelt, das bereits in über fünfzig Städten zum Einsatz kam. Heute ist er wieder hauptberuflich im kreativen Medien- und Kommunikationsbereich tätig und leitet eine eigene Agentur.

Sein wichtigstes Anliegen ist es, dass Mission in unseren Breiten in biblischem Maßstab möglich wird. Dazu hat er im Jahre 2004 „Mission is possible e.V." gegründet.